明治＝岩手の医事維新

医師・三田俊次郎の挑戦

三田弥生 著

大空社出版

三田俊次郎

まえがき

明治維新の五年前、江戸時代末期の文久三年（一八六三）に生まれ、昭和一七年（一九四二）に八〇歳で没した三田俊次郎を、今、なぜ振り返らなければならないのか。

私は、岩手の医学を改革して常に先頭に立って歩んできた三田家に嫁いで三七年になる。たまたま数年前に埃だらけの倉庫を整理していたとき、俊次郎が活躍していた当時の診療会計記録や書簡、交換した名刺など夥《おびただ》しい数の遺品を見つけ出す機会を得た。そのとき、

「義祖父・俊次郎とはどのような人物であったのか」

「俊次郎の志を支え合い、共に生きたのはどのような人々であったのか」

「俊次郎たちの不屈の信念を育《はぐく》み、鼓舞《こぶ》し続けたものはなんであったのか」

「そして、俊次郎の生き方と理想が、どのように継承され、今に息づいているのか」

を知りたい思いに駆られた。

幕末から明治に至る時期は、我が国の歴史において最大の変革期であり、明治維新とともに最新の西

欧文明が一気に取り入れられ、国を挙《あ》げて近代的制度に刷新《さっしん》し、国民もまた度重《たびかさ》なる制度の変更に翻弄《ほんろう》されながら必死に努力した。たとえば、藩校・寺子屋で学んだ教育は学校制度に移行し、藩医・町医者の医療も西洋医学に基づく医学・看護学となり、士農工商の身分制も解消して武士の魂といわれた「刀」も廃刀令《はいとうれい》が公布され、武士の本分《ほんぶん》であった「戦士としての役割」も徴兵制に変わった。

このように「維新」は政治分野だけでなく、各分野で行われたのである。盛岡藩の下級武士の家に生まれた三田俊次郎は東北の岩手の混沌《こんとん》とした地域社会で、医家として明治、大正、昭和の三代にわたって果敢に医事改革に挑《いど》み、芽吹《めぶ》いたばかりの西洋医学を根付かせ、その道筋をつくり、人材育成と衛生思想に基づく社会の基盤づくりに奔走した。まさに「岩手の医事維新」の実践そのものであった。同じく、二歳年長の兄義正《よしまさ》も農事改革に取り組み、やがて実業家として成功し、人材発掘と盛岡の市街化に全力をあげた。

本書では俊次郎の事蹟をもとに、その精神と人となりを時代とともに逐《お》い、俊次郎の生き方を後押しし、強い影響を与えた兄義正や母キヨたちが周辺の人々と協力し合い、混乱する時代にあって渾身《こんしん》の力を振り絞り、いかに難局を切り開いていったか。その凄《すさ》まじいまでの原動力とも思える揺るぎない信念を貫いていたものはなんであったのかを記したい。

目　次

※引用文中の漢字等は常用漢字に改めました。
※原則として敬称は省略させていただきました。

第1話　幕末の盛岡藩に生まれる

1　義魏、楢山佐渡の切腹に立ち会う

盛岡藩と戊辰《ぼしん》戦争

三田俊次郎は今から一五〇年程前の文久三年（一八六三）三月三日、南岩手郡加賀野村磧町《かわらまち》（現、盛岡市加賀野）に四男三女の次男として生まれた。父は盛岡藩士三田善右衛門義魏《よしたか》、母は稗貫郡《ひえぬきぐん》八重畑村《やえはたむら》（現、花巻市石鳥谷町）の郷士《ごうし》大竹家出身のキヨである。父義魏は謹厳実直な性格で、盛岡藩の御徒目付《おかちめつけ》を勤めていた。母キヨも質素倹約を信条とし、藩士の子どもの自覚をもたせる躾《しつけ》には厳しかった。盛岡藩は領主の南部氏に由来して南部藩と呼ばれることも多いが、文化一四年（一八一七）に南部藩二〇万石が「盛岡藩」と改称しているので、本書では統一して「盛岡藩」の呼称《こしょう》を用いる。

俊次郎と生涯にわたり強い絆《きずな》で結ばれた二歳上の兄義正《よしまさ》（幼名、寅太郎）は、文久元年（一八六一）四月二一日の生まれである。兄弟は幼い時から仲が良く、盛岡城が見える中津川で魚獲りや石投げをして、よく川遊びに興じ、互いを思いやる情愛の深い子どもに育っていった。

幕末、時代は大きく変わろうとしていた。俊次郎が数えの六歳を迎えた慶応四年（一八六八）一月三日、鳥羽《とば》・伏見《ふしみ》の戦いが勃発《ぼっぱつ》し幕府軍が大敗した。一年半におよぶ戊辰《ぼしん》戦争の始まりである。世情騒然とするなかで、盛岡藩に京都御所警備《ごしょけいび》の勅命《ちょくめい》が下されると、主席家老楢山佐渡《ならやまさど》は用人《ようにん》（庶務・会計担当）目時《めとき》隆之進や目付《めつけ》（監視役）中嶋源蔵、三田義魏《よしたか》など二〇〇名余りの兵を率いて上洛した。

佐渡は京都御所警備の役目を遂行するとともに、薩摩藩や長州藩を主体とする「官軍」の様子や、時代の趨勢《すうせい》を自身の目で見極めたいと思ったのである。鳥羽・伏見の戦いが終わった後の京は新政権樹立に向けて騒然とし、古い秩序が崩壊しかかっていた。薩摩藩邸に西郷隆盛を訪ねたが、鳥羽・伏見の戦いに勝った西郷たちの粗暴、放埓《ほうらつ》な振る舞いに反発を覚え、

「このような新政府を支持することはできぬ」

と憤慨し、その怒りはかねての盟約「奥羽越列藩同盟《おううえつれっぱん》」への参加を決意させる方向に傾いていった。この様子を見て、同行の目時隆之進は六月四日、勤皇の志をもって長州藩邸に脱走した。中嶋源蔵も佐渡に、

「時勢を考えるなら、新政府に従うべきで御座ります」

との見解を申し入れた。しかし、佐渡は耳を貸すことはしなかった。最早《もはや》、誰も佐渡の怒りを止めることはできなかった。盛岡藩のために深く憂いた源蔵は六月八日、大阪の宿で血書《けっしょ》を認《したた》めて腹をかき切り、諫死《かんし》した。明治と元号が改まる三カ月前のことである。享年四〇。惨《むご》い死《し》に様《ざま》であった。随行していた

義魏はその血の海の前で茫然と立ち尽くすしかなかった。

しかし、源蔵の死をもっての忠告に感謝しながらも、佐渡の決意は揺るがなかった。

戊辰戦争の第二段階とも言える江戸城の無血入城と、上野（彰義隊）の戦い（五月一五日）で「官軍」が勝った報せを聞いたあと、佐渡は七月一六日に盛岡藩に帰国すると、潔《いさぎよ》く筋を通すことを主張して、新政府（勤皇派《きんのうは》）につくか、幕府側（佐幕派《さばくは》）につくかで二分《にぶん》していた藩論を仕切り、かねての盟約「奥羽越列藩同盟」への参加を導いた。

戊辰戦争では薩摩・長州・土佐・肥前などを主体とする官軍に対し、幕府側についた諸藩は「賊軍」と呼ばれた。奥羽越列藩同盟に賛同した盛岡藩は勇敢に秋田戦争に臨んだが、官軍側のアームストロング砲などの新兵器に圧倒されて明治元年（一八六八）九月二五日に敗れ、「最後の賊藩」の烙印《らくいん》を押され、首謀者として佐渡は捕らえられ、東京に護送された。なお慶応が明治と改元されたのは九月八日のことである。

主席家老楢山佐渡の刎首《ふんしゅ》の刑

戦争とはかけがえのない代償を伴うものである。新政府軍は盛岡に入城して武器弾薬を押収し、同年一二月、新政府は盛岡藩に対して二〇万石の領地を没収し白石一三万石への減転封《げんてんぽう》を命じた。藩主利剛《としひさ》公は謹慎させられ、長子利恭《としゆき》が家名を継ぐことになった。奥羽越列藩同盟の拠点となり軍議所が置かれた白石への転封令は、明治二年（一八六九）一月に盛岡に届き、藩の廃絶はまぬがれたものの、減封と二三〇キロも離れた白石への移転の仕置《しお》きに、南部の人々の心は暗く沈むのであった。

そうした状況のなかで、五月一八日に箱館五稜郭《ごりょうかく》の戦いが終わり、戊辰戦争が終結すると論功行賞《ろんこうこうしょう》が行われ、官軍と対決した「賊藩」に厳罰が下された。盛岡藩主席家老楢山佐渡は東京から盛岡に移送され、六月二三日に反逆首謀の罪名で刎首《ふんしゅ》の刑に処せられることとなった。敗戦の責を一身に負《お》ってのことであり、奥羽越列藩同盟を結《むす》んだ仙台藩家老但木土佐《ただきとさ》、会津藩家老萱野長修《かやのながのぶ》も佐渡と同じく刎首《ふんしゅ》の刑を受けた。

義魏《よしたか》は報恩寺中央大広間一八畳の処刑の場において、佐渡の介添えを担《にな》った。無紋水浅葱《あさぎ》色の裃《かみしも》に白《しろ》帷子《かたびら》の佐渡、その周りには冷たく静謐《せいひつ》な空気が流れ、森厳《しんげん》なる光景が拡がっていた。

「刻限《こくげん》にて御座候《ござそうろう》」

夜が明け始めた寅《とら》の刻《こく》、午前四時を前に、義魏は全身が震える思いで呼びかけた。静かに無言で立ち上がった佐渡は少し間をおき、ゆっくり歩を進めて端座《たんざ》した。さえぎる板戸の向こうから嗚咽《おえつ》が洩《も》れた。

武士は切腹という儀式により自らの罪を償《つぐな》い、それにより罪に対する自己の誠意を示すことができる。江釣子《えづりこ》源吉は佐渡への処刑が切腹のかたちの刎首《ふんしゅ》と知ると、自《みずか》ら介錯《かいしゃく》を申し出た。処刑の介錯は咎人《とがにん》の一族、友人、あるいは門弟であって、剣道の達人が選ばれるのが通例である。源吉は佐渡から文武両道の教えを受け、戸田一心流の皆伝者《かいでんしゃ》である。自分以外の誰にも手を掛けさせたくなかった。

佐渡の首は勢《いきお》いよく血飛沫《ちしぶき》を放ち、白幕に鮮血が散った。三九歳だった。義魏は七歳上の佐渡の苦悩

を思い、敬い慕ってきた。佐渡は若い武士の面倒をよく見たが、

「武士は廉恥《れんち》を重んじ、たえず死への覚悟を磨いて振る舞わねばならぬ」

と言い、自らを強く律する厳しい性格であった。評伝『三田義正』の著者・藤井茂氏は楢山佐渡に対する義魏の敬い慕う気持ちを、

「時ニ藩士三田善右衛門（後義魏ト改メ小属トナル）ナルモノ容貌酷ク佐渡ニ似タリ。自ラ進ンデ代ランコトヲ乞フ」（藤井茂著『三田義正―人材育成と果断の実業家』一七頁）

と記している。義魏は中嶋源蔵の精神的影響を受け、武士の掟の《忠義》を尽くすのが本分と心得てい

▲報恩寺山門

▲聖寿禅寺「国老楢山佐渡守墓所」の入口

た。幸い容貌が佐渡に酷似《こくじ》していたため、

「佐渡殿の身代わりに…」

と申し出たのである。しかし、必死の願いは叶わなかった。佐渡の処刑に望んでの、義魏の身代わりになりたいとの気持ちには計り知れないものがあった。

処刑を前に佐渡は、

花は咲く　柳はもゆる　春の夜に　うつらぬものは　武士《もののふ》の道《みち》

と辞世を残し、武士としての最後を締めくくった。

俊次郎七歳、義正九歳のときのことで、幼い俊次郎の心にも武士の精神が涵養《かんよう》されていったのである。

楢山佐渡の切腹の影響

運命とは不思議なもので、後述するが、俊次郎は幾年かののち、父義魏が精神的支柱の一人として敬服していた中島源蔵の分家に、一時的に養子として迎えられる。

また、盛岡藩の責任を一身に背負った楢山佐渡の処刑は俊次郎や義正だけでなく、盛岡藩の多くの子弟たちに強い影響を与えた。

盛岡藩の家老原直記《はらなおき》の孫として生まれ、佐渡の処刑から四九年後の大正七年（一九一八）に首相（第一九代内閣総理大臣）となった原敬《はらたかし》（幼名、健次郎）にも、佐渡の処刑は暗い影を落とした。楢山家と原家は縁戚関係にあったことから、健次郎は佐渡を叔父のように慕っていた。報恩寺中央大広間での処刑は多くの立会人がいるなかで行われた。一三歳の多感な時期を迎えた健次郎は、佐渡の最期を記憶に留めようと、涙しながら寺の土塀《どべい》のあたりを歩き回っていた。佐渡は第一四代盛岡藩主南部利剛《としひさ》公の従弟、母烈子の甥《おい》にあたり、二二歳で家老となり幕末に筆頭家老の重責を担っていた。佐渡の死は南部家にとっても胸がえぐられる思いであった。拭いきれない残影が健次郎の頭をかすめ、久しく悲哀となって心中を覆《おお》ったものと思われる。

楢山佐渡の武士としての切腹に、大きな感慨を抱き続けたもう一人の人物がいる。のちに国際連盟事務次長を務めた新渡戸稲造《にとべいなぞう》（幼名、稲之助）である。稲造は、このとき七歳であった。父十次郎も用人として盛岡藩に仕えていたが、佐渡の切腹の三年前、稲造が四歳のときに亡《な》くなっている。

実は、佐渡の処刑にあたり十次郎の弟、叔父の時敏《ときとし》が介錯を命ぜられたのだ。しかし親しい友人の首を切ることはできないと脱藩し、身を隠したと伝えられる。時敏は新渡戸家から太田家に養嫡子として入ったのだが、今度は父親を早くに喪《うしな》った稲造が九歳のとき、時敏の養子となった。そのため新渡戸稲造は一時、太田稲造と名乗ったときもあり、時敏は戊辰戦争に敗れ、薩長に意のままにされた屈辱感を年若い稲造にぶつけたのであった。

成人した稲造は日本精神と日本文化を妻メアリーの周辺に伝えるため、明治三三年（一九〇〇）に『武士道』を英文で書き著し、時敏に捧げた。献詞には次のように記されている。

過去を敬《うやま》ふこと並《ならび》に
武士の徳行《とっこう》を慕ふことを
私に教へた
　我が愛する叔父
　太田時敏に
　　この小著を
　　ささぐ

稲造は「切腹」について、「それは法律上並に礼法上の制度であった。中世の発明として、それは武士が罪を償ひ、過を謝し、恥を免《まぬが》れ、友を贖《あがな》ひ、若しくは誠実を証明する方法であった。それが法律上の刑罰として命ぜられる時には、荘重なる儀式を以って執り行はれた。それは洗煉せられたる自殺であって、感情の極度の冷静と態度の沈着となくしては何人も之を実行するを得なかった」（新渡戸稲造著『新渡戸稲造全集第一巻』九五頁）と記し、「切腹」が武士に相応しい死に方とされる理由を述べている。さらにミットフォード（イギリス駐日公使館書記）の『旧日本の物語』を引用し、「神戸事件」での切腹の様子を詳細に描写している。神戸事件は、慶応四年（一八六八）に神戸の三宮神社前において、備前藩の兵が隊列を横切ったフランス人水兵らを負傷させたことに端を発し、銃撃戦にまで発展した事件である。ミットフォードは、事件の責任者として明治政府に自害の命を受けた備前藩士滝善三郎《たきぜんざぶろう》の切腹の場に立ち会い、その生々しい様子を目にしていた。

義魏《よしたか》は幕末に、勤皇派であった中嶋源蔵と行動を共にしていたので、新政府によるその後の盛岡藩への屈辱的な処遇は義魏の心を複雑に揺り動かすものとなった。なかでも潔《いさぎよ》く武士としての最後をとげた佐渡の死は生涯にわたり、深く心に刻まれた。それは義魏一人ではなく、南部盛岡人に屈辱の悲哀に打ち勝つ誠実な魂を求め続けることを教えたのである。

さらに、官軍と戦い「最後の賊藩」の烙印《らくいん》を押された盛岡藩出身者は、会津藩出身者と同様に明治新政府治世下《ちせいか》での出世の道を閉ざされ、「賊藩」の汚名に長く苦しめられたことを忘れてはならない。三田義正・俊次郎兄弟もその一人である。しかし、この苦難こそが、義正・俊次郎など盛岡の人々の心に難局を切り開く不屈の精神や、何事をもやり抜く凄《すさ》まじいまでの揺るぎない信念を育《はぐく》む原点となったのである。

白石への転封と盛岡城の取り壊し

楢山佐渡の処刑が行われた五日前の明治二年（一八六九）六月一七日、第一五代盛岡藩主南部利恭《としゆき》公が白石藩知事に任命され、二〇〇〇人にもおよぶ武士たちの白石への減転封《げんてんぽう》（註：大名の石高の減額と国替《くにがえ》）が現実のものとなった。

義魏は中嶋源蔵の壮絶《そうぜつ》な自刃《じじん》の跡を目撃し、楢山佐渡の処刑に立ち会ったばかりで、その精神も疲弊《ひへい》

▲明治５年頃の「盛岡城」（もりおか歴史文化館所蔵）

していたなかでのことであった。家族を残してひとり、白石転住の命に従った。このとき、のちに俊次郎の義父となり、物心両面から俊次郎の「医事維新」を支え、激励し続けた藩医三浦自祐（俊次郎の先妻三浦リサの父親）もまた、白石転住の苦難を体験しており、娘リサは二歳になったばかりであった。

義魏や自祐たちが移住して間もなく、南部家との別離を惜しむ気持ちから盛岡を中心とする領民の白石転封反対の運動が湧き起こり、盛岡藩領内をあげての復帰嘆願書が提出された。その結果、移住命令は中止となり、多くは着の身着のままで盛岡に戻ったが、新政府の方針により北海道の原野の開拓を目指す者もいた。失業による困窮は苛烈《かれつ》を極めた。

こうした盛岡藩への処罰は俊次郎の母キヨにも酷《むご》い境遇をもたらした。夫の義魏は白石から戻ったものの身も心も憔悴《しょうすい》しきっていた。心は荒れ、酒の量は増え、息子の義正や俊次郎に辛くあたった。キヨは養蚕《ようさん》小屋でひとり蚕に与える桑の葉をちぎりながら、荒れた手で涙を拭いた。義魏の苦しみはなかなか癒《い》えず、キヨの心を押し潰《つぶ》す過酷《かこく》な毎日が続いた。

さらに追い打ちをかけるように、明治七年（一八七四）には南部氏の居城であった盛岡城が謀反《むほん》の拠《よ》り所になりかねないとして、新政府の命により解体されることとなった。そして、戊辰戦争で賊軍となったことから何百人という失職した旧武士たちの手により、毎日、土埃《つちぼこり》を上げながらの盛岡城の取り壊しが進められた。

「わしらの城を手前《てめ》ぇの手で壊す。考えてみたごどもねがった」

「おい、石垣が崩れるぞ。気をつけろ」

「いっそのこと、石の下敷きにでもなるがぁ」

「黙れ、聞きたくねぇ」

白石への減転封という仕置《しお》きに続く盛岡城の解体は屈辱的なものであった。黙々とした作業は土まみれの旧武士たちの心を荒ませ、遺恨《いこん》を募《つの》らせた。

盛岡城は北上川と中津川が合流する台地に築かれ、長年にわたり盛岡人の心の拠り所の一つであった。

その盛岡城が無惨にも無くなってしまったのである。

2　盛岡藩の教導とキヨの家庭教育に育まれる

ここで、時代を少し遡《さかのぼ》り、江戸末期における盛岡藩の教育事情を逐《お》ってみる。そこには俊次郎の医学維新につながる胎動《たいどう》とも呼べる、新たな息吹《いぶ》きが生まれていた。

盛岡藩の藩校「作人館」

江戸時代、諸藩では藩士教育のため藩校が設けられた。盛岡藩では天保《てんぽう》一一年（一八四〇）、武芸稽古所を「明義堂《めいぎどう》」と称し、藩校として発足させた。安政元年（一八五五）に文学館、武術館に加えて、漢医学を主とした医学館も備えられ、文・武・医の三科となった。さらに文久三年（一八六三）、儒学と医学のための文学教場が新築され「作人斎《さくじんさい》」と名付けられ、それまでの武芸教場も「止戈《しか》場」と改められた。

▲「日新堂顕彰碑」

一方、京都の順正書院に学んだ藩医八角高遠《やすみたかとお》や、新宮涼庭《しんぐうりょうてい》（註：当時盛岡藩に招聘《しょうへい》されていた京都の医師）に学んだ藩医三浦自祐、鉱山学者大島高任《たかとう》たちは、藩校明義堂から排斥された洋学派を中心に文久二年

▲「作人舘」（盛岡市立仁王小学校所蔵）

（一八六二）、私学校「日新堂」を開校した。理化学（舎密《せいみ》・物理学・博物学）、医学、洋学（英語・蘭語）を中心に教育と研究が行われた。なお「舎密」とはオランダ語「セイミ」の当て字で、すなわち江戸後期から明治初期にかけて「化学」の呼称として用いられた表記である。これにより盛岡藩は伝統的な藩校と進歩的な洋学校を併せもつこととなったのである。俊次郎が生まれる前年、兄義正二歳のときである。

梁川の河畔《かはん》に設置された日新堂では薬草の栽培が行われ、医学や薬学分野の研究開発が進められ、医学教育がはじめて組織化された。さらに、盛岡藩の富国強兵のため、国益局の要《かなめ》となる物産開発を手がける物産学なども取り入れられた。だが戊辰戦争の敗北により、反政府軍に加担した賊藩の名のもとに、やがて廃校せざるを得なくなった。僅か五年の命であった。それでも幕末期の日新堂は、その成果により大きな改革的意義をもったと見なされている。

慶応元年（一八六五）、藩校明義堂は「作人舘」と改称され、それまでの藩士子弟の希望者による就学が義務化され、文武両道の教育が徹底された。作人舘は、日本の神道思想と中国の儒教思想とを習合《しゅうごう》した和漢一致思想を教学精神に掲げ、作人斎を「修文所」、止戈《しか》場を「昭武所」、そして「医学所」を新たに設け、三部門に体制を整え直した。しかし、戊辰戦争での敗北と白石への転封処罰により、作人舘は休校を余儀なくされた。

盛岡藩から盛岡県、岩手県に改称

盛岡藩から「盛岡県」、さらに「岩手県」への改称は、明治二年（一八六九）から五年（一八七二）にかけ、四次にわたって実施された。

第一次は明治二年（一八六九）四月、盛岡藩が松代、松本、黒羽各藩から赴任した権知県事に取締地を分割されたとき、松代藩取締地を「盛岡県」と称し、松本藩取締地は「花巻県」、黒羽藩は「三戸県《さんのへ》」とされた。同年七月に白石から盛岡への復帰が認められると第一次盛岡県が廃県となり、八月には家名の存続が許された当時一五歳の最後の藩主・盛岡藩第一五代南部利恭公が盛岡藩知事に任命された。

これを機に翌三年（一八七〇）正月に藩校作人館が再興された。利恭公も入寮して修学した。生徒は七〇〇人ほどで寄宿生はそのうち二〇〇人であった。原健次郎、新渡戸稲造、田中館愛橘《たなかだてあいきつ》のほか、俊次郎の二歳年上の義正も、再興された作人舘の修文所で和漢学や洋学の初歩を学んでいる。

第二次は藩主利恭公が他藩に先駆けて、明治二年（一八六九）三月に願い出ていた盛岡藩の廃藩置県が明治三年七月に認められたものである。このとき利恭公は盛岡藩知事を辞任し、藩校作人舘は藩学職制を改正して「盛岡県学校」と改称された。さらに、まもなく和漢学を休講し、明治政府の文明開化促進の意向に追従するように洋学化を進め、「盛岡洋学校」へと転換が図られたのである。因みに、このとき、義正や俊次郎と後に関わりをもつ中原貞七の兄雅郎（慶應義塾で修学）が東京の地より招聘《しょうへい》され、藩の「学制」を洋学中心に据える改革が行われた。

第三次は明治四年（一八七一）七月、明治政府がそれまでの藩制を廃止し、中央集権を図るための府県統合の行政改革によるものであり、盛岡藩領はそのまま盛岡県となった。

第四次の変更として、明治五年（一八七二）一月、盛岡県は「岩手県」に改称された。

キヨの家庭教育

このように幕末から明治初年にかけて、我が国が近代国家の構築を目指して歩を進めたとき、明治新政府と旧幕府側とは激しくぶつかり合うという極めて深刻な事態がもたらされ、行政組織の変更や改称が行われるたびに盛岡藩の武士たちは悲哀や屈辱を味わったのである。しかし盛岡藩の旧武士たちは〈教育〉を通して、その苦痛を強いエネルギーに換え、来るべき時代へとシフトしていったのである。教師の職は文武両道を範とした旧武士層にとって、格好の職業であった。威厳を保つことができるうえ、自分たちの子弟にも向学の気風を与えることができるからである。士族（旧武士）たちによる教育分野への社会進出は顕著であった。

明治五年（一八七二）二月に戸籍法が施行されると、久しく続いた階級社会は解体され、皇族、華族、士族、平民に再編成された。俊次郎の父三田善右衛門義魏は盛岡藩の御徒目付《おかちめつけ》であったことから士族へと吸収され、旧来の武士の精神である新渡戸稲造が伝える「武士道」そのものを引き継いだ。また、俊次郎は家庭において向学の気質が涵養《かんよう》されたが、それは母キヨの教育観が大いに反映されていた。

今でも親族のあいだでキヨの家庭教育が語り伝えられている。「寅太郎、俊次郎の兄弟は、幼時、隣家の寺子屋に通い、素読《そどく》の稽古を受けている間、キヨも両家の境のぐみの木の下に佇《たたず》み一心に素読を諳《そら》んじ、帰宅した子供たちが復誦する傍《かたわ》らで、機《はた》を織りながら素読の誤りをさり気なく正したとされる」（前掲：後藤英三著、一二頁）。明治五年に頒布された「学制」の序文にあたる「学事奨励ニ関スル被仰出書」には、〈学問は身を立つるの財本〉と記されている。学問は自分が立身するための財産であるという意味であるが、キヨは家庭での教育を通して人材育成を図っていたのであり、教育熱心で、賢い母の姿を髣《ほう》髴《ふつ》とさせるエピソードである。

南部家「共慣義塾」を東京府に設置

時代は少し前後するが、盛岡県学校で修学していた利恭公は大参事らに説得されて、明治三年（一八七〇）八月、旧藩士子弟のための塾設置を目指して上京した。英才たちの中から藩の汚名返上のために偉大な活躍が期待される人物を見つけ出し、その後押しをするためであった。そして翌明治四年（一八七一）、英学塾「共慣義塾」を東京府下の京橋木挽町《こびきちょう》に開設した。弱冠一六歳の利恭公自身も入塾し、塾長は佐藤三介という慶應義塾に学んだ人物であった。

岩手県貫属士族　長沼熊太郎　申二十一歳

一、明治二年巳巳二月ヨリ九月マデ、岩手県学校ニ於テ、開成所文典書、レンテー文典、ヲルコス

テー氏小究理書、イントロ究理書教授相成ル。（以下略ス）

岩手県貫属士族　八角高英　申二十歳

一、明治二年己巳二月ヨリ五月迄、岩手県学校ニ於テ、クエッケンボス究理書教授相成ル。（以下略ス）

岩手県貫属士族　山田長禄　申十八歳

一、明治二年己巳二月ヨリ十二月迄、岩手県学校ニ於テ、開成所文典書、クエッケンボス文典書、コルネル氏地理書教授相成ル。（以下略ス）

（『岩手近代教育史第一巻　明治編』三〇一頁。原文のママ）

▲東京文京区湯島の「共慣義塾」の案内板

共慣義塾の教師の履歴書に右のような記述を見ることができ、明治二年、盛岡県学校（註：岩手県学校は誤記であろう）では、このような英語の原書講読の講義がなされていたことが分かる。

盛岡の旧藩士の家では南部家の勧奨する東京の塾に、我が子の出世を願って遊学を望んだ。原健次郎（後の原敬）は将来有望と見なされた一三人のなかに入ったことから、母リツは母屋の一部を残して住居を売り払い、当座の学費を工面して息子の向学心を必死に支えたのである。

明治四年（一八七一）一二月には、この共慣義塾に原健次郎、太田稲造（後の新渡戸稲造）、田中館愛橘などが盛岡から上京し、入塾することとなった。同五年、共慣義塾は塾舎の新築に伴って新富町に移転したが、二カ月後に類焼に遭って塾舎全焼となり、湯島三組町に移った。岩手出身ではない尾崎行雄や犬養毅など、のちに日本を動かす政治家の名を挙げることもできるが、他県からの入塾希望があったのは学費や寮費が安かったからである。同六年には、六歳から一五歳まで四三人、一六歳以上が一八六人程となり総勢二二九人の男子が学び合っていた（東京都公文書館所蔵『東京府「明治六年私立学校明細調」』）。

外国の思想や歴史を記したミルの「自由の理」やウィルソンの「万国史」の原書を教科書として用い、数学や英語なども教授するという講義が開講されていた。一時、福沢諭吉の慶應義塾と並び称され、その水準の高さから、旧盛岡藩士子弟のための立身出世の登竜門という見方もされた。先ずは共慣義塾を目指して上京し、それから官公立学校に進学するという道が用意されたのである。

第２話　医学の道を志す

1　義正とともに新学校制度の小学生となる

父義魏《よしたか》は警察に、義正と俊次郎は鍛冶町学校に

ここで、社会の変化を見ながら、兄義正の向上心に富んだ勉学の動向や、俊次郎が医学の道を志すまでの足跡を逐《お》ってみる。

明治維新から相次いで社会制度の根本的な変革が行われた。明治五年（一八七二）もまた様々な変革が実施され、三田家にとっても大きな変化が始まった。まず一月八日に盛岡県が岩手県に改称された。このとき三八歳を迎えていた父義魏は、小監察から新たに整備されつつあった警察の職に就き、家計を支え始めた。また、明治政府は前年四月に戸籍法《こせきほう》を公布し、全国規模での戸籍（壬申戸籍）管理に乗り出した。「士農工商」から四民平等に改め、平民の苗字《みようじ》を認め、転居や居住をはじめ、農民の耕作地の所有や商品作物の耕作を自由化した。

八月二日には「学制《がくせい》」が公布されて、全国に小学校が設置されたが、

「盛岡は辺境の地のために政令がゆき亘《わた》らなかったのと、明治維新に際して所謂《いわゆる》朝敵であったことが禍《わざわい》して、中央政府から兎角《とかく》不遇な扱いをうけがちであったために、学校制度の確立は非常におくれをとっていた。明治六年になって、はじめて、のちに詳述する元盛岡藩の武家学校「作人舘」が第一小学校（仁王小学校）として発足し、次いで第二小学校及び鍛冶町学校が創立された」（前掲：後藤英三著、三二頁）という。こうして盛岡にも小学校が開校する気運が次第に高まってきた。さらに一二月には「旧暦一二月三日を新暦の明治六年一月一日とする」という、欧米の暦にあわせての改暦《かいれき》が断行され、いよいよ新時代の到来を思わせる潮流が押し寄せてきたのだった。

兄義正は再興された作人舘の修文所で学んだあと、明治六年（一八七三）に鍛冶町学校に入学し、翌七年には上等クラスに進んだ。義正一四歳のときである。この明治六年に、明治政府は文明開化の方針のもとに各地に官立英語学校を設立し、仙台にも「官立宮城英語学校」が開校した。盛岡出身者で開校時から同校に学んだのは多田綱宏《ただつなひろ》と中原貞七《なかはらていしち》の二人で、作人舘で義正と一緒に勉強した先輩の冨田小一郎《とみたこいちろう》は開校三年目の明治八年（一八七五）三月に入学している。

同じくこの明治八年に、一三歳になった俊次郎も鍛冶町学校に入学したので、三田家には二人の小学生が誕生したことになる。

義正は仙台の「官立宮城英語学校」へ進学

義正は親しい冨田小一郎から誘いを受け、強く仙台行きを望んだが家計を考え、なかなか「官立宮城英語学校」への進学希望を切り出せなかった。そんなためらいの日々が一ヵ月近くも続いたが、義正が一大決心をして母キヨに訴えたところ、キヨは義正の勉学の願いに快く頷《うなず》き、その決意を励ましてくれた。

仙台までは春の北上川を下《くだ》る四日間の船旅で、着いたのは五月であった。こうして冨田小一郎、多田綱宏、中原貞七たち盛岡出身者のあたたかい出迎えを受け、義正の実り多い学生生活が始まった。一方、俊次郎は父母のもとで鍛治町下等小学校での勉強に励んでいた。

翌明治九年（一八七六）二月、明治天皇はご巡幸のため東京を発《た》ち、栃木県宇都宮を経由して六月二五日に宮城英語学校に立ち寄られた。同校が当時の宮城県の最高学府だったからである。各級の優等生七名が選ばれ、それぞれ褒賞《ほうしょう》として入手しにくい英語の辞書を賜《たまわ》ったが、七名のなかに多田綱宏と中原貞七の二人がいた。義正は、

「それにしても、同郷の先輩たちはやるもんだ。冨田先輩は天皇の御前《ごぜん》で素晴らしい英語を披露したし、多田先輩はウエブスター中辞書、中原先輩はナトール辞書とブラウン文法書の二冊をいただいた。ふだんは、それほど勉強をしているとも思われないのに、やはり、どこかでやっているのだろう。先輩たちは優秀なんだなあ。おれも、うかうかしてられないなあ」（前掲：藤井茂著、四五頁）

と思った。

同じ明治九年（一八七六）に、のちに義正・俊次郎兄弟の人生に大きくかかわる「学農社農学校《がくのうしゃ》」と「岩手医学校」が開校している。「学農社」は農学者津田仙が幕末の頃、五代友厚（明治初期の実業家）に従

ってアメリカやオーストリアを視察して、西洋文化を携えて帰国し、東京府下の麻布区本村町の屋敷を開放して設立した日本初の私立の農学校である。札幌学校が札幌農学校と改称された年でもある。一方、「岩手医学校は、明治九年、公立盛岡病院が創立されると同時に、盛岡医学校の名のもとに併置されたものである」（前掲：後藤英三著、三九頁）。

同じく明治九年、父義魏《よしたか》は勿論のこと、三田家にとって身の引き締まる格別の報せが届いた。幕末に盛岡藩主席家老楢山佐渡《ならやまさど》を諫《いさ》めるため、大阪の宿で腹をかき切り、凄惨《せいさん》な死を遂げた中嶋源蔵に対し、正五位が追褒《ついほう》された。源蔵の自死を間近に見届け、源蔵の篤い志を敬慕《けいぼ》していた父義魏の感慨は深いものであった。

勤皇の志士と言えば、中島源蔵や義魏の同朋で長州藩に脱走した目時隆之進は、やがて薩長の特別な計らいで異例の出世を遂げ、盛岡藩の家老となって藩政を委ねられた。しかし、このことは結果的に盛岡藩士たちの恨みを買うことに繋がり、明治二年、盛岡に護送される途中の黒沢尻（現、北上市）にて目時は自害に追い込まれた。同年、国難に殉じた中島源蔵と目時隆之進は招魂社（註：昭和一四年、岩手護国神社に改称）に祀《まつ》られたが、この神社は南部利恭公により二人を弔うために創建されたものであることも記しておく。

こうして義正・俊次郎兄弟が成長するとともに、二人を取り巻く社会は大きく変わろうとしていた。

俊次郎、異例の早さで下等小学卒業

このころ、俊次郎は二年足らずの短日月で下等小学校を卒業している。そのころの小学校は概《おおむ》ね「学制」により下等、上等を合わせ八年が正規の授業期間と定められ、就学年齢なども制定されていた。「即ち下等小学校は、八級より一級にわかれ、就学期間は各級六ヵ月、計四ヵ年。学科目は読物、算術、習字、書取、問答、復読、体操、作文。就学年令は六歳より十一歳。上等小学も同じく八級、四ヵ年。学科目は輪講、暗記、罫書。就学年令は十一歳より十四歳」（前掲：後藤英三著、三二頁）

俊次郎は鍛治町下等学校に明治八年一月に入学すると、各級をそれぞれ一ヵ月ないし四ヵ月で進級している。入学年齢が他の学童より上であったし、明治九年の「下等小学校則凡例」には、「教則中毎級六ヵ月間ノ習業ト定ムト雖《いえど》モ、生徒学術進歩ノ都合ニヨリテハ、斟酌《しんしゃく》増減ハ教師ノ意ニ任ス可《べ》シ」

とあるので、入学以前に寺子屋で勉学していたため、俊次郎は異例の早さで進級したものと思われる。そして明治九年一二月、「盛岡学校」を卒業したが、鍛治町下等学校と同一のものかは詳しくは分からない。

父義魏《よしたか》は西南戦争に、俊次郎は下等小学の代用教員に

兄義正が学んでいた「官立宮城英語学校」は明治天皇のご巡幸の半年後、明治九年（一八七六）一二月七日に火事で教場の大半を焼失し、三ヵ月のちの明治一〇年（一八七七）二月一四日に廃止となり、同月

二六日に「県立仙台中学校」として開校された。

俊次郎は明治一〇年（一八七七）に盛岡学校上等クラスに入学するとともに、代用教員として下等小学の教壇に立った。上等小学では生徒として月謝を納め、下等小学では先生として月給をもらったわけである。残されている証書等によると、

「盛岡学校級長申付候事　明治一〇年二月二四日　岩手県」

とあるので、成績も優秀であったろうと思われる。因《ちな》みに俊次郎が実印として生涯変わることなく用いた木製の印鑑は、代用教員として俸給を受け取るときの受領印として、このとき作ったものである。

同じ明治一〇年（一八七七）二月に西南戦争が始まると旅団が編成され、父義魏は旅団の幹部として東京に出向した。明治維新以降、新政府の急激な改革に士族たちの不満が爆発し、各地で佐賀の乱（明治七年二月）、萩の乱（明治九年一〇月）、秋月の乱（明治九年一〇月）などが頻発し、ついに西郷隆盛を擁《よう》しての西南戦争が勃発したのである。父義魏がどのような活躍を果たしたか、その詳細は伝えられていないが、義正は父から東京の様子を聞いて強く刺激を受け、東京に憧れをもつようになった。

こうした義正の心情の背景には、同郷の先輩の多田綱宏と中原貞七がすでに上京して東京大学予備門に進み、作人舘で一緒に勉強した冨田小一郎も西南戦争が始まった明治一〇年に「県立仙台中学校」を終え、いったんは東京大学予備門に入学したものの退学して三菱商船学校に入学していたのである。

２　中嶋家の養子となり、義正は学農社に学ぶ

義正の上京

義正は明治一一年（一八七八）七月一五日、県立仙台中学校を卒業すると仙台から盛岡に帰り、家計を案じながら両親に、

「これからの日本を農業で富ましていきたい。近代的な農法を教えている東京の学農社で勉強してみたいんじゃ」

と東京遊学の希望を率直に吐露した。これを聞くと母キヨは、

「学費は心配せんでええ」

と応え、義正の志に理解を示し、むしろ力づけてくれたのである。

一〇日ほどかかって東京に着いた義正は、その賑《にぎ》やかさに驚いた。

「東京とは、何とおったまげた（おどろいた）とこじゃ」

目にしたものは盛岡とは異なり、人力車や乗合馬車が行き交う華やかな光景であった。新橋―横浜間には鉄道が敷かれ、西洋風の建物の前にはガス灯が点《とも》り、背広や詰襟服で賑わうなど西洋文化が至るところに取り入れられていた。そこには、戊辰《ぼしん》戦争での賊軍という汚名を払拭《ふっしょく》できるような気合が漲《みなぎ》っていて、義正は興奮した。

さっそく津田仙の私塾に書生として住み込んだ。学農社創立の三年目の秋である。津田は西洋式農学農法の創始者で熱心なクリスチャンであることから、農学のみならず農業を通じてキリスト教に基づく優れた人間を育てることを目標としていた。その上で、農民が自立するためには営利的で、かつ合理的な農業のやり方を学ぶ必要があるとして、伝統と偏見の打破に力を注いでいたのである。ところが学農社に学ぶ者のなかに、

「盛岡藩だと。お前も賊軍か」

と盛岡藩の所業を責める者たちがいた。仲間たちからは賊軍と虐《しいた》げられ、義正は歯を食いしばるのだった。そのとき人間愛に基づく津田の教えが心の支えとなり、気持ちを強く持つことができたが、心に受けた傷は決して浅くはなかった。こうして義正は一層津田に心酔していったのである。津田は全国各地から志願してきた青年たちに、米国の事情や暮らし、さらに自由、平等、勤勉、博愛の精神などについて熱意をもって講じ、多くの刺激を与えた。

後年、新渡戸稲造は津田の恵まれた境遇に鑑《かんが》みて、農業が卑業《ひぎょう》でないことを啓蒙した行為について称賛した。士族の身分でありながら農家としての道を選び、さらに敬虔《けいけん》なクリスチャンとして西洋文化に傾倒する姿勢は、稲造の生き方と重なるところがあったのであろう。義正はこのように日本の農業の先駆的指導者のもとで、新しい技術、そして知識や思想を学んでいったのである。

中嶋家の養子となり、再び三田家に復縁する

俊次郎が養子になったのは何年なのかははっきりしないが、俊次郎は父義魏の同朋で、楢山佐渡に関わり自害した中嶋源蔵の実家に養子として入った。そこにはヨシという一人娘がいて、「盛岡の三大美人」と噂されるほどの器量よしであった。俊次郎が代用教員を務めていた時期で、義正が上京して学農社で学んでいたころと推察される。父義魏は中嶋源蔵への思いとともに中嶋家に対して格別な思い入れがあったことから、この縁組を喜んだ。しかし俊次郎は父の意向に添うことができず、まもなく三田に復籍するのである。この決断について義魏は俊次郎の気持ちを察し、尊重した。離籍した本当の理由は不明だが、中嶋姓もどうやら名乗っていなかったという。俊次郎の幼年時代を知るヨシの母は、いずれは俊次郎を正式にヨシの婿にと考えていたので、殊《こと》のほか残念に思うのだった。

ただ俊次郎は、学生の分際で妻帯することを同級生から揶揄《やゆ》されたからと、真意とは思えない弁明をしていたようである。俊次郎は明治一三年頃に岩手医学校に入学し、その年の一二月に中嶋家とは離縁して三田に戻った。戸籍には中嶋家からの離籍の記載はあっても、確かに入籍の期日は見当たらない。その後、ヨシは結婚して岩手県北に移り住んだが、血筋は途絶えたようである。俊次郎は、

「中嶋に医者の学校に入れてもらったじぇ」

と、その恩義に感謝していたようであるが、父が敬慕していた勤皇家の家系が絶えてしまったことについて、終生、自責の念に駆られていった。

3　県立岩手医学校にて修学する

町医者の低い地位

幕府や諸大名に召しかかえられた御殿医・藩医に対して、江戸時代における町医者の地位は低く、苗字帯刀が許されない町民と同等であった。さらに、医者の治療方法が経験的あるいは慣用的処方であったことから、医者は病を追い払う祈祷師であり、ご機嫌取りにたけ、時事について口を挟むことなどできないと見られた。武士からすると、医者と同列に扱われることを恥じとさえ思われるような位置にあった。

市中で開業していた「町医者」には二通りあって、代々医業を継いできた家の医者と、医業を学び自分で起ち上げた者であり、そのなかには怪しげな医者も混在していた。明治と元号が変わっても医学医術を修めていない者が、人の生命を危険に陥れる医療行為におよんだ状況が続いていた。明治元年（一八六八）一一月七日の太政官布告では、

「医師之儀、近世不学無術ノ徒、猥《みだ》リニ方薬ヲ弄《ろう》シ、生命ヲ誤リ候者往々不少哉」

と指摘している。そして明治三年には、岩手県内で治療を行うには県学校医学局から免状をもらうこととなり、次第に医業の環境が整備されていった。時代とともに全国に医者を養成する機関が起ち上げられていくと、医者という職業が徐々に注目されるようになったのである。俊次郎は、そうした世間の動

▲「回生堂門人一覧」（三浦家所蔵）／前列右から３番目が三浦直道、右から４番目が三浦自祐、後列右から３番目が俊次郎

きを察し、当時の伝染病の弊害と医学という新しい学問領域に関心を集約させていったのである。

三浦自祐《じゆう》の私塾「回生堂」を訪問

盛岡藩の藩医三浦自祐は、江戸時代末期の文久二年（一八六二）に、鉱山学者大島高任《たかとう》たちと進歩的な洋学校「日新堂」を開校し、その社中《しゃちゅう》（註：結社の仲間）として活躍してきたが、戊辰戦争のため廃校せざるを得なかった。そこで、医学を中心に据えた私塾「回生堂」を開いていた。俊次郎は「回生堂」の前を通るたびに、どのような教場なのか気になった。そのうち、どうやら医学という学問を教えるところであると知る。

　ある日、俊次郎は思い切って、その門をくぐった。深い青緑の苔に水滴が残り、敷石が濡れていた。玄関先には長与専斎《ながよせんさい》揮毫《きごう》による「回生堂」の扁額が掲げられていた。この長与専斎は緒方洪庵

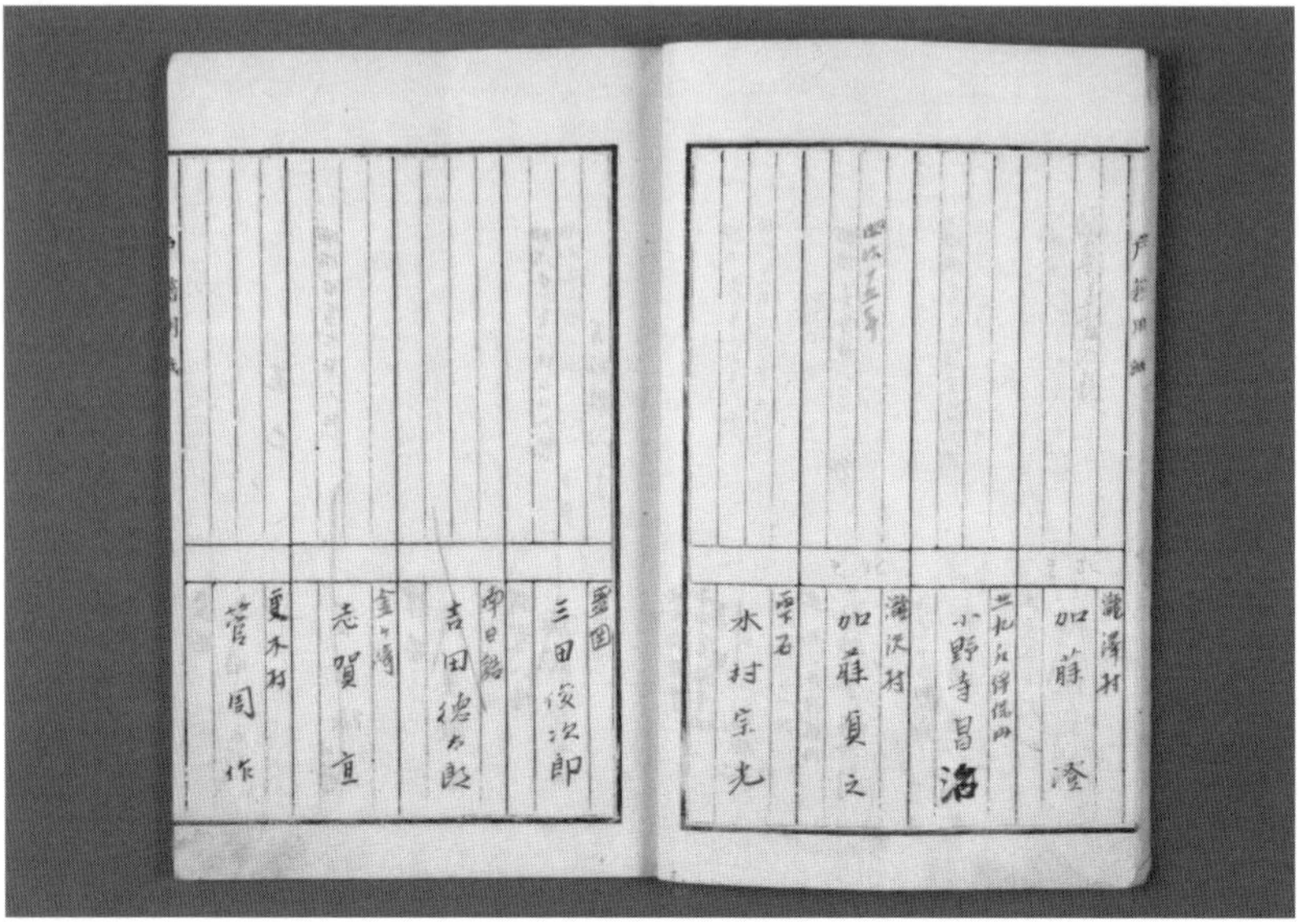

▲「廻生堂門譜」(三浦家所蔵)

に師事し、明治四年(一八七一)に岩倉使節団の一員として渡欧し、最新の医学・衛生行政を視察し、東京医学校(現・東京大学医学部)の校長に就任するなど、明治の医学界を代表する一人である。

俊次郎は声を掛けた。

「御免下さい」

しばらくして、奥から書生が出てきた。

「わしは三田俊次郎と申す者でございます。医学というものが、いかなるものかを知りたく参ったところでございます」

すると、端正な顔立ちの自祐が、おもむろに出てきて、

「医学を…。入りなされ」

と言ったあと、俊次郎は書斎に通された。床の間には、ヒポクラテス(註:医学の祖。古代ギリシャの医師)の掛軸がかかっていた。

「三《さん》儁《しゅん》医《い》夫《ふ》」の署名

俊次郎は県立岩手医学校に入学するが、実は入学した時期については不明である。明治一三年（一八八〇）一二月に「解剖学第一期卒業候事　岩手医学校」という証書があることから、明治一三年の時点で在籍していたことが分かるだけである。岩手医学校では「和学、漢学、算学、医学」の四科に加え、洋学も押し進められていて、そこで学んだことを「在校紀聞」として書き留めた。俊次郎は洋学以外の四科に関しては積極的に取り組んだが、義正とは異なり洋学はあまり得意ではなかった。

一見、がさつに見える俊次郎にもロマンがあり、岩手医学校時代には自身を「三《さん》儁《しゅん》医《い》夫《ふ》」と自称して講義帳などの署名にこれを用いた。儁《しゅん》は俊《しゅん》と同じく「ひときわ高く目立つすぐれた人」の意であり、医学生としての自負と三田の出であることをその署名に示したものである。

俊次郎は回生堂の師である三浦自祐を医者として尊敬し、自身の将来の姿を師に重ね合わせたりした。自祐は多くの門下生を医者として輩出し、病人を助けるとともに困窮者には食料を分け与えるという行為により、人望を集めていた。俊次郎は、その徳のある姿に惹《ひ》き寄せられ、回生堂の門をくぐったときから自祐の自宅において学僕として仕えるのであった。

義正の帰郷

俊次郎が県立岩手医学校で学んでいたころ、兄義正は学農社での勉学を終え、新しい西洋事情と先駆的な農業知識と技術を携えて、明治一四年（一八八一）、郷里に戻ったが、そこで受けた衝撃は大きかった。東京での三年のあいだに、いつの間にか文明開化の波を心地よく感じるようになっていたので、最先端の学識を身に付けてきた義正は郷里の農業事情を貧弱と感じながらも、東京での新しい西洋文化のにおいを探し求めた。ところが、郷里にはそのようなものはまだ見出せず、その落差に愕然《がくぜん》とする。それでも何とか郷里の農事について改良・改善を図って近代化を推し進めなければならないと、悶々とする日々を送るのであった。

義正は岩手県庁に勤め、勧業世話係として県内各地を巡回して学農社で学んだ新しい農法や作付けを指導した。一方で岩手県令島惟精《しまこれきよ》が製糖事業の大切さを主張していたこともあり、洋式農具を用いて砂糖大根の栽培から始めることにした。このとき義正は満二一歳であった。

「砂糖大根を植えで、砂糖をつくってみる」

「うまくいくかどうが、分らね」

だが、母キヨは、

「おめぁはん（お前さん）は、役人と農業の二足の草鞋《わらじ》を穿《は》くことなど、でぎない」

と言った。この予測はキヨ自身の意向を含むものであり、キヨはむしろ、将来の義正のことを考え、勤め人より農業に専従した方がいいとの考えをほのめかすのであった。

義正、県会議員に当選し、結婚

キヨの予測通り、製糖業が順調にいき面白くなってくると、明治一六年（一八八三）三月、義正は県庁を退職し、県からの下請けによる山林会社「養立社」を設立する。後世に繋がる植林事業も、最初に手掛けた製糖業も、いずれも学農社で学んだものだが、当時農林業の発展は国の基本政策に据えられていた。

翌明治一七年（一八八四）、二四歳の義正は県の農事の改善を図ろうと、県会議員に立候補して当選を果たす。そして、県の植林政策を進める議論を意気昂然《いきこうぜん》と展開させ、人を動かす言動力を発揮する。そうして心の空白を埋めるのだが、気持ちは満たされなかった。そのような義正の様子を知るキヨは義正に縁談を持ちかけた。相手は市内に住む旧盛岡藩士関政民の四女サメである。政民は長崎で写真技術を学び、盛岡で最初の写真撮影を実践した人物と言われ、盛岡藩主第一四代利剛公や第一五代利恭公を撮影したとされる。

明治一八年（一八八五）三月、三田家の六男義六郎が亡くなってから間もなく、義正はサメと結婚した。義正は学農社で学んできた砂糖づくりをこの地で成功させたいと思い、結婚するとすぐ、中津川にかかる上ノ橋のたもとに店を構えた。新婚まもないサメはそこで砂糖水を売り始めるが、武士の家に育ったサメにとって、〈商売〉をして金を受け取る行為に慣れることは難しかった。ため息の出る毎日が続いた。結婚するとき、

「どんな苦労があっても堪えてくれ」

と言われ、サメはそれを承知したが、サメの苦労は自身の予想をはるかに上回るものであった。家には

義父母の義魏（四八歳）とキヨ（四二歳）、それに俊次郎（一三歳）のほか五人の弟妹たちがいた。しかも、義正の初めての事業である製糖業の出だしは悪くはなかったが、次第に傾いていくのであった。

医学校制度の変更と、俊次郎の「県立甲種岩手医学校」卒業

話は遡《さかのぼ》るが、明治三年（一八七〇）の廃藩置県により、盛岡藩が盛岡県となったことで、藩校作人舘は「盛岡県学校」と改称され、明治四年、そこに「医学局」が置かれた。世間では西洋医学による病院並びに医学校設立の気運が高まっていたことから、明治九年、南部家や市内の有志者の寄付により、「公立盛岡病院」が開設され、それに伴い、「公立盛岡医学校」も開設された。このとき、俊次郎の父義魏も無理な家計の中から〈金一〇円〉を寄付し、盛岡病院設置に賛同した。戊辰戦争による楢山佐渡や中嶋源蔵の悲惨な姿や死傷した兵士たちの無残な光景は、義魏の胸を激しく痛める記憶として残っていた。人の命がむやみに奪われてはならないと思うのだった。

実は岩手において、これより一年早く西洋式病院が江刺地方（現、奥州市江刺地区）に誕生している。江刺は優れた蘭方医を輩出した仙台藩領にあって、明治八年（一八七五）一月、登米共立病院の分院として「岩谷堂共立病院」が開院された。翌九年、江刺は県政の大規模合併・領域変更により岩手県に編入されたことに伴い、同年、開設された公立盛岡病院の分院としての陳情を岩手県に行ったが認められず、官費の保護は断たれ、わずか三年で廃院となったのである。

盛岡病院での診療については中央政府からの布達に基づき、病気の者は町村から証明を受けたうえで

療治するものとされ、士族、神官、僧侶は名札を医学局に出すだけでよいが、農、工、商に携わる者は町村長による書付が必要であった。元号が明治に変わっても、ここに身分制度の名残を見ることができる。同九年一二月、公立盛岡医学校は「公立盛岡病院附属医学所」へ、明治一二年には「県立岩手医学校」へと改称されていったのである。

明治一五年（一八八二）、文部省が「医学校通則」を布達し、医学校を甲乙の二種に分けたことから、同一七年には「県立岩手医学校」は「県立甲種岩手医学校」へと名称が改められた。俊次郎が在学しているときである。甲種は正規の医師養成機関で初等中学校以上の学力を有するものを入学させ、修業年限は四ヵ年以上で卒業生には無試験にて医師免状が交付された。乙種は速成の簡易な医学教育を施すもので修業年限を三ヵ年とし、卒業後は医術開業試験に合格しなければならなかった。

甲種医学校においては、教員のうち少なくとも三名は、また、乙種医学校においては少なくとも一名は東京大学医学士の学位保持者、あるいはそれに相当する教員の配置が求められた。政府は日本の医学の規範をドイツ医学としたことから、このような措置により東京大学医学部を通じてドイツ医学の普及と浸透を図った。こうして日本の西洋医学の源がドイツ医学となっていった。

明治一八年（一八八五）四月、俊次郎は県立甲種岩手医学校と改称されての第一回の卒業生となったが、一〇〇名の同期のなかで卒業できたのは俊次郎のほか一名であった。学業評価の厳格さによるものなのか。もしくは、当時は農民の子弟も多く在学していたことから、森嘉平氏が指摘するように、松方デフレーションによる農家の経済的困窮によるものなのか。理由を特定することは難しいが、概《おおむ》ね学業評価が厳しかったからという見解が多い。とにかく当時の文部省の視察によると、岩手医学校は退学者が多く生徒数は僅少であったと講評されている。

俊次郎は同年六月、母校の助手兼附属病院の調剤係に採用されている。また、医学校の生徒のうち、特に学業優秀で卒業後は岩手病院勤務を希望する二名を選抜して、東京帝国大学医学部に入学するための学費を補助するという含みも持たせることとなった。のちに俊次郎は、この方針に倣《なら》ったものと思われるが、自身が経営する私立岩手医学校の医員二名に学費を出して、東京帝国大学と伝染病研究所（註：初代所長北里柴三郎）に内地留学させるのである。

俊次郎が卒業した明治一八年一一月、「県立甲種岩手医学校」は本来、病室であるところを講義室として利用するなど無理があり、遂に甲種医学校としての存続を断念することを告示し、翌一九年三月に閉鎖し、それを補うかたちで「県立病院附属医学講習所」（乙種）設置の案が出され、講師四人による教育が開始されるが、それも間もなく閉鎖となった。公立盛岡医学校開校から公立盛岡病院附属医学講習所、県立岩手医学校、県立甲種岩手医学校、県立病院附属医学講習所へと変遷《へんせん》し、わずか一一年で命脈は途絶えることとなった。

官立医学校を促す勅令

明治維新まで人々にとって、「病院」というのがどういう機能をもつものなのか知る由もなかった。しかし、戊辰戦争により多くの負傷者が出て、大勢の怪我人や病人を収容できる機能的な施設が必要になってくると、志の高い人たちは競うように病院設置を急ぎ、起ち上げるようになった。欧米から持ち帰った知識をもとに、西洋式病院の設備に対応していくうちに〈病院〉の概念は急速に浸透し、その勢いで公立病院と併設医学校新設ラッシュは当分のあいだ続くのである。

だが、やがて西南の役が起こり、病院を取り巻く状況は変わっていく。この内戦は政府の財政を強く圧迫し、明治二〇年、財政再建を背景とした勅令第四八号が公布されることとなる。

「府県立医学校ノ費用ハ明治二十一年度以降地方税ヲ以テ之ヲ支弁スルコトヲ得ス」

明治二一年（一八八八）から府県立医学校や公立病院への地方税の投入ができなくなることから、医学校や病院運営が難しくなり、ほとんどが廃止に追い込まれていくのである。この勅令第四八号の目的は公立医学校を禁じて官立医学校の発展を期するものと説明されたが、実は財政再建のためであった。各府県立の医学校は今後、財政面で厳しくなり、存続が難しくなるとの通知であった。

明治一九年には公立医学校二三校であったが、同二一年には三校に減少していることから、勅令第四八号の影響は実に大きかったことが分かる。明治二一年以降の医育機関を見ると、私立医学校は東京の済生学舎、成医会講習所、東亜医学校、熊本の春雨黌《しゅんうこう》の四校に、官立の東京帝国大学医科大学、官立高等中学校医学部（宮城、千葉、岡山、金沢、長崎）五校と公立医学校（京都、大阪、名古屋）三校の併せて一三校である。

その後、岩手病院に関しても県費で運営されているのに、病院から益を受けるのは盛岡市民に留まって公益的ではないという世上の評判により、同二二年閉鎖された。こうして岩手病院はいったん公的経営から離れて、病院附属の医学講習所で「外科総論」と「診断学」を教えていた医師に貸与され、私立「稲野病院」として開設されるに至った。岩手における初めての私立個人病院の発足である。だが、今度は無償貸与なのに繁昌しすぎるという評判が人の口にのぼり、結局、この私立病院は県への返還を余儀なくされた。

4　御殿医三浦自祐の長女リサを娶《めと》る

医術開業免許状発行と父の死

明治一九年（一八八六）二月、二四歳の俊次郎に内務大臣より医術開業免許状が発行された。その喜びも束の間、同年六月一四日、父義魏の死に遭遇する。幕末維新の動乱のなかを盛岡藩の武士の掟を受け継ぎ、主席家老楢山佐渡の身代わりになろうとまでした父に、子どもたちは別れを告げなければならなかった。維新後、小監察から新たに警察官として取締りの任に就いたが、やがて、一関警察署の初代署長となり、波乱の人生を終えた。享年四九。辛い思いをしたキヨは義魏の最期に、もう涙することなく子どもたちの前で気丈に振舞うのであった。

元気だったころ、義魏が晩酌をするとき、長男義正はよく父の傍《かたわ》らに座して話し相手となった。子どもたちは代わる代わる酌をするのであるが、なかでも俊次郎は酌の頃合いを外《はず》すことはなかった。

「俊次郎はよく人のごと、見てるなぁ」

と言って、俊次郎への義魏の信頼は厚かった。

俊次郎は子どもの頃から人の言うことをきかない腕白なところがあったが、よく細かいところまで気が付く性分だった。義正と俊次郎は父から主君に対する忠誠、祖先に対する尊敬、親に対する孝行についての教導を受けた。それは特権意識をもつ武士の傲慢《ごうまん》になりがちな行為を抑えるために、必然的に服従せざるをえない状況をつくり出すことに繋がっていた。家の存続や繁栄のために、身を犠牲にする精神的涵養を妨げるものでもなかった。このことは武士の精神性を高めるうえで必要なものであり、藩士の家においては父から子に受け継がれるものであった。

三浦リサと結婚

父義魏の死の翌年、明治二〇年（一八八七）四月七日、二五歳の俊次郎は、回生堂で師と仰ぐ三浦自祐の長女リサと結婚することとなった。三田家では明治一九年、五男龍夫を四歳で亡くし、ついで敬愛する父をも喪い、暗い話が続いていた。そのような状況での結婚は、家族に心機一転、明るさを取り戻すきっかけを与えたのである。

リサは二〇歳で美人の誉《ほま》れの高い娘である。俊次郎は岩手医学校時代、三浦自祐の学僕をしていた頃からリサに思いを寄せていたのかも知れない。あるいは自身が思い描く医学教育や医事改革に向けて、師である自祐の支援が将来必要と考えたからなのかも知れない。

三浦家は代々盛岡藩の御殿医《ごてんい》を勤める家柄で、リサは美しく品格が備わっていた。自らを厳しく律し、夫に忠実に従い、その後、日常をそつなく仕切る嫁として立ち働くのである。資産があり、由緒正しく、気立てが優しく、賢く、当時としては申し分のない妻であった。愛国婦人会岩手支部の幹事を引き受け、世の中の動きに目を向ける時代性も兼ね備えていたが、それも俊次郎の意向にそったものであった。従順なだけではないリサの芯の強さは、武士の社会を基本とする藩医の家庭で自然に身に付けたものである。母キヨも妻リサも陰で夫を支えるという生き方は、武士の社会と藩士の家庭のあり方を堅固に守り続ける姿勢を示すものであった。

第３話　内地留学を経て眼科医となる

1　帝国大学医科大学の河本重次郎の門下生となる

リサとの新婚生活と、義正の政治への道

明治一八年（一八八五）、俊次郎は県立岩手医学校を卒業すると母校の助手兼附属病院の調剤係に採用され、翌年に医師免許状を公布されてからは一人前の医者として働き始めていた。そうしたときに、リサとの新婚生活が始まったのである。

一方、義正は明治一九年（一八八六）六月に父義魏が死去したのち、八月に三田家の戸主《こしゅ》になった。弟の俊次郎もようやく医者になったばかりで、三男道次郎や四男源四郎、ナホ、ミキ、サメの三人の妹たちもまだ幼く、それまで打ち込んできた製糖事業に失敗するなど、一家を支える身として苦労の多い時期であった。それでも山林、果樹などの諸事業で成果を上げ、同年一二月に加賀野村村会議員となり、翌明治二〇年（一八八七）暮れの県会議員選挙に立候補して当選するなど、次第に政治の道にも深く関わるようになっていった。

当時の盛岡を代表する著名人二三〇名を網羅した『盛岡諸有名一覧表』（明治二一年九月発行、又玄堂《ゆうげんどう》）に、農産家第一位として義正の名前が挙げられている。因みに新聞記者の第一位に挙げられていたのが坂牛祐直《すけなお》であり、有志家としては代言人（弁護士の前身）伊東圭介が掲載されていた。

「県立岩手病院」の閉院と、盛岡市の市政施行

リサとの結婚二年目を迎えた明治二一年（一八八八）は、大きな変化の予兆の年であった。三月八日に、「岩手病院中設置ノ附属医学講習所、本月三十一日限リ廃止ス」という告示が交付され、医学講習所は三月三一日をもって廃校となった。

さらに、四月二五日に「市制・町村制」が公布され、全国的に市制施行の気運が盛り上がり、盛岡も翌年四月一日に市制を敷くことが発表された。

結婚三年目の明治二二年（一八八九）は日本をあげての大変革の年であり、俊次郎夫婦にとっても、三田家にとっても激動の年となった。

まず二月一一日に「日本帝国憲法」が発布され、翌明治二三年一一月二九日の施行と、それに先立つ「第一回衆議院選挙」（明治二三年七月一日）の実施や国会の開設などが発表された。この憲法施行と国会の開設は明治維新から二〇年が経ち、欧米を手本とする近代的な諸制度が整備されたことの象徴として、多くの日本人が新しい時代の着実な進展を肌で感じ取る契機となった。

次に三月三一日、「県立岩手病院」が閉院となり、俊次郎は慰労金を受けて解職となった。詳しくは後述するが、その後、県立病院は公的経営から離れていくこととなり、医育および医療機関はいずれも県の手に負えるものではなくなった。岩手の医学教育機関は、俊次郎が県から借り受けて明治三四年（一九〇一）に私立岩手医学校を設立するまで、空白状態が続くこととなる。

ここで話しを戻すと、俊次郎が「県立岩手病院」を解職となった翌日の明治二二年（一八八九）四月一日、前年公布の「市制・町村制」に基づき、盛岡市の市制（註：当時の人口三一、〇〇〇人）が施行された。市議会の構成や市長の選任は規定により市制施行後に行われるため、四月二一日から三日間にわたり市議会議員選挙が実施された。有権者は直接市税の納付額によって一級、二級、三級の三クラスに分けられ、各級ごとに一〇人を定員とし、計三〇人を選ぶ選挙であった。このとき県会議員生活三年目を迎えていた義正は、二級に立候補して当選を果たしている。郷里の農事を近代化するという社会改革を断行するためには、盛岡市を牛耳《ぎゅうじ》るような政治力が必要との強い思いがあったからである。

帝国大学医科大学撰科に入学

俊次郎は県立岩手病院の閉院を機に、最新の医学を学ぶため帝国大学医科大学（東京帝国大学医学部の前身）撰科に入学することとなる。この医科大学への入学は明治二二年（一八八九）九月一一日のことと思われる。当時は秋に入学式が行われ、新学期が始まっていたのである。

それにしても慰労金を受けての解職とは言え、俊次郎が遊学できるほどの余裕はなかったと思われる。

おそらくはリサの実家からの援助によるものであったと考えられる。義父の三浦自祐も藩医として京に上《のぼ》り、蘭医の新宮涼庭《しんぐうりょうてい》の門に入って研鑽を積んだ経験から、俊次郎に期待するところも多かったであろうし、農学社に学んだ義正の影響も大きかったはずである。進取の気性に富む俊次郎が眼科分野において、さらに最新の西洋医学を修めようとして内地留学を決意できたのは、後押しする義父らの存在があったからである。

東京に出た俊次郎は驚いた。見ると聞くでは大違い。社会の様相は盛岡とは全く異なるもので、これが新しい時代の幕開けかと思うのだった。俊次郎が茫然《ぼうぜん》と立ち尽くす通りの向こうを二輪車（自転車）が颯爽《さっそう》と走って行った。

「おなご（女子）が、男の袴を穿《は》いて、二輪車に乗ってるじぇ」

長い髪に大きなリボンをつけ、袴姿で二輪車にまたがる女学生の姿に驚いた。人々も通りも眩《まばゆ》いばかりの華やかさと明るさである。

東北本線が盛岡まで延長されたのは俊次郎が東京に出発した翌年の明治二三年一一月一日である。盛岡駅の落成式に列席した鉄道庁長官井上勝（長州藩出身）が、岩手山南麓の雫石《しずくいし》の雄大な景観にほれこみ、岩崎彌之助（土佐藩出身）と小野義真（土佐藩出身）の三人の共同経営で始めたのが小岩井農場で、農場名はそれぞれの姓名の一字を取っての命名である。不毛の原野を切り拓《ひら》き、我が国最大の農林畜産業発展への基盤づくりに采配を振るったのは、他ならぬ、かつての勤皇の志士たちであった。

▲ベルリンにて（文京区立森鷗外記念館所蔵）／前列左端河本重次郎、前列右から３番目石黒忠悳、中列左端森林太郎（鷗外）、中列右から２番目北里柴三郎

河本重次郎教授の第一期門下生となる

俊次郎は外国留学を終えて帰国したばかりの河本重次郎教授の門下生となった。三一歳の河本は、東京大学医学部では北里柴三郎と同期で、卒業時は首席であった。卒業後に同学部の御雇い外国人スクリバの助手となり、明治一八年（一八八五）にドイツ留学を命じられた。横浜を出航したダイナス号には、三宅秀（註：明治一九年、帝国大学医科大学長となる）が乗船していた。

明治二一年（一八八八）六月、ベルリンのフリードリッヒ写真館に日本からの医学留学生一九名が集まり、記念撮影を行っている。そのなかに森林太郎（鷗外）、北里柴三郎、石黒忠悳《ただのり》らに交じって河本重次郎も並んでいる。そこには、いずれものちに日本の医学会を主導するエリートたちの精悍《せいかん》な風貌を見ることができる。

明治二二年（一八八九）、河本はドイツ留学から帰国するや、帝国大学医科大学の教授として迎えられ、明治二四年に医学博士の学位を眼科で初めて授けられ、生涯にわたって日本の眼科の発展に尽力し続け、「日本近代眼科の父」と称され、また、その手術の手際のよさでは「国手無双《こくしゅむそう》」と呼ばれた。

俊次郎はわずか四歳上の河本教授から学ぶことが多かった。そのころ撰科生は本科生に比して軽視される傾向が強く、なかには〈無用論〉を唱える者もいた。しかし河本教授は、

「国家からみて、大いに必要である」

と言い、なによりも人間を差別することを嫌い、日本全国に眼科医とその医療を浸透させるという信念で撰科生や傍観生（聴講生）を擁護したのである（『東京大学医学部眼科学教室百年史』五九頁）。そのような考えのもとに教育を受けた俊次郎は、河本教授によるドイツ医学と眼科学から知り得た知識や技術のみならず、人格的にも強く影響を受けたのである。研究指導を通して、人間的な魅力が学生にもたらされていて、面倒見のいい教授としても評判が高かった。

盛岡での二つの選挙

俊次郎が東京で河本重次郎の教えを受け、眼科の新知識の学修に没頭していたころ、郷里の盛岡では二つの選挙が話題を集めていた。

一つ目は初代市長の選出である。当時は市会の推挙する三名の市長候補のなかから、県知事の具申《ぐしん》を得て内務大臣が選任する仕組みであった。市制施行にともなう選挙で選出された市会議員による投票が、

明治二二年（一八八九）五月一三日の市会で行われ、米内受政《よないながまさ》、目時敬之《めときたかゆき》、高原民五郎の三名が推挙された。第一回の投票で最高点（一八点）を得た米内受政は、米内光政（第三七代内閣総理大臣）の父であり、広く人望を集めていた。次点（一五点）の目時敬之は、幕末の動乱期に、盛岡藩主席家老楢山佐渡が京都に同行した用人《ようにん》目時隆之進の息子であり、第二代県知事石井省一郎の側近として信頼を得ていた。

二級市会議員の義正たちは米内を推していた。しかし、石井省一郎知事の具申を受けた内務大臣の裁可《さいか》は、大方の予想に反して次点の目時敬之《めときたかゆき》であった。この決定に義正は深い義憤に駆られるのだった。これを切っ掛けに義正は、石井知事に徹底的に対抗するため、ますます政治にのめり込んでいった。

義正は翌年に県の常置委員に当選する。常置委員は岩手県下の各市町村を回って会計検査を行う職務で、日当が二円五〇銭だったという。そのころの一ヵ月の下宿代が二円といわれた時代である。市会議員でもある義正の威勢は際立《きわだ》ち、金銭的にも一気に羽振りが良くなった。（前掲：藤井茂著、八一頁）

二つ目の選挙は、日本帝国憲法発布にともなう「第一回衆議院選挙」である。市長選の翌年、義正が県の常置委員に当選した明治二三年（一八九〇）の七月一日に実施された。当時の選挙区は小選挙区制で岩手県は五区に分けられ、各区定員一名であった。有権者は国税を一五円以上納付する男性で、主に資産家や地主、商人などであり、県内の有権者は五、〇〇〇人ほどであった。

初の国会議員の選挙ということもあり、前年の市長選挙の直後から、出馬を目指す人々の動きが始まっていた。義正と坂牛祐直は岩手第二区（東閉伊、中閉伊、北閉伊、南九戸、北九戸）の候補者に中原貞七を推した。市長選の結果に対する義憤を晴らしたいとの思いも重なっていた。

中原貞七の落選

中原貞七は義正の宮城英語学校の先輩で、尊敬する友人でもあり、岩手の人材育成についてよく議論する間柄であった。中原は宮城英語学校を卒業してから東京大学文学部に入学し、明治一六年（一八八三）に卒業したのち、英語を主に教える予備校「成立学舎《せいりつがくしゃ》」（東京神田駿河台）の舎長となり、一年ほどで東京一の予備校といわれるほどの定評を築き、教育者として名声を得ていた。

成立学舎はのちに国際舞台で活躍する新渡戸稲造や、イギリス留学を果たした英文学者の夏目漱石が英語を学んでいたことでも有名である。明治一六年、札幌農学校を修了して東京大学撰科に通う稲造と隣同士の席となった漱石は、

「…校舎というのは、それは随分不潔な、殺風景極まるものであった。窓には戸がないから、冬の日などは寒い風がヒュウヒュウと吹き曝《さら》し、教場へは下駄を履いたまま上がるという風で、（略）」（夏目漱石著『夏目漱石全集第十巻』三一七頁）

と、校舎の様子を伝えている。中原は世評の勢いにまかせて明治二〇年（一八八七）に女子部を創設し、出版部も設けた。しかし二つの事業はうまくいかず、次第に経営難に陥り、郷里、盛岡藩士子弟としての先輩である原敬《はらたかし》などに借金をして遣り繰りしていた。

明治二三年（一八九〇）に入ってから、郷里の後輩義正から、

「衆議院議員選挙に立たないか？」

との誘いを受け、中原は迷った。すでに全国的に事実上の選挙戦は始まり、岩手二区では自由党の伊東圭介が活発な選挙運動を展開していた。迷った末に中原は東京での現状打開の思いを込めて、国民自由党から立候補することを決意した。義正は大胆にも自家が所有する田地を売り払ってまで選挙応援に駆けずり回ったが、投票までの準備期間が少なく、中原を擁しての選挙戦は苦戦を強《し》いられた。

選挙結果は伊東圭介が五〇票で当選し、中原貞七は三六票の次点だった。中原は精神的にも、肉体的にも痛手を負い、失意のまま東京の成立学舎に戻った。

一方、義正もまた尊敬する先輩の落選の影響は大きかった。貯めていた財産はもとより、先祖伝来の田畑などの不動産のほとんどを失い、そこから上がる賃貸料や農作物などが激減し、選挙の恐ろしさを改めて思い知らされたのである。

俊次郎の休学願と保証人中原貞七

第一回衆議院議員選挙の投票は、俊次郎が河本重次郎の門下生になって一〇ヵ月目に行われた。盛岡と東京に離れていたとはいえ、中原貞七の立候補の経緯や落選の一部始終はすぐに俊次郎の耳に伝えられていたと思われる。

当時の帝国大学医科大学撰科は、他の文科や法科、理科等の分野とは異なり、専門学校卒業程度の医師や薬剤師の研修期間としての性格が強かった。このことから、指導教官への研究報告書の提出が修了の区切りとされていた。当然、俊次郎は研究報告書を河本教授に提出しなければならなかった。

帝国大学医科大学の撰科課程は一年間の期限で、撰科生細則の第三条に「撰科生ニシテ一ヶ年ノ専修ヲ了ヘ更ニ持続セント欲スル者ハ延期ヲ願出ツヘシ」との記載を見ることができる。俊次郎は明治二三年（一八九〇）八月まで在籍し、一年の専修を終えたあと、さらに延期を願い出たものと思われるが、翌二四年（一八九一）二月一日付で、三宅秀学長宛に休学届を出している。

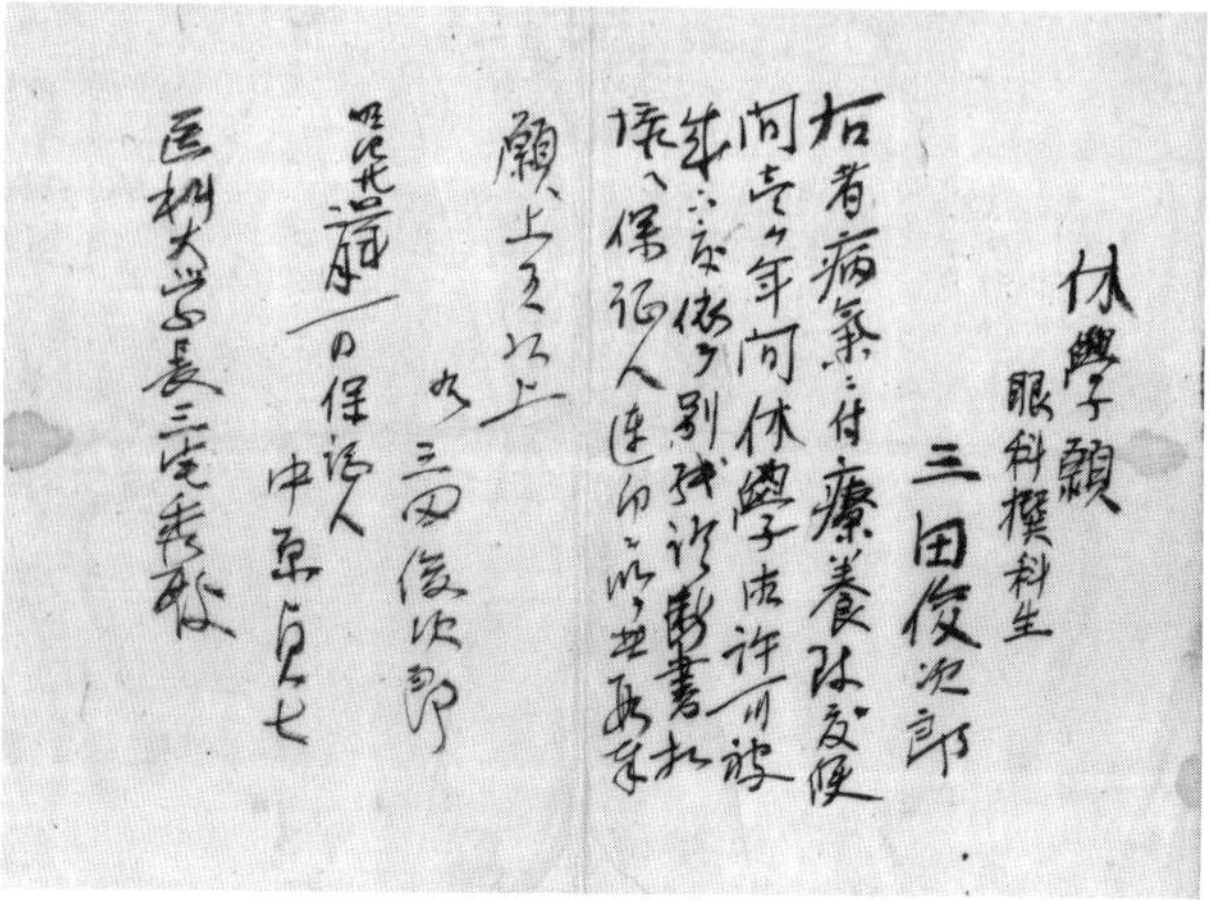

▲「休学願」（三田家所蔵）

届け出の写しを見ると、休学の理由は病気療養のためで、保証人の名前は第一回衆議院議員選挙に落選し、東京に戻っていた中原貞七である。

休学願

眼科撰科生　三田俊次郎

右者病気ニ付療養致度候間壱ケ年間休学御許可被成下度依テ別紙診断書添相ヘ保証人連印ヲ以テ此段奉願上候以上

右　三田俊次郎

明治二十四年二月一日

保証人　中原貞七

医科大学長　三宅　秀殿

俊次郎は、延期を願い出た明治二三年九月から二四年七月までの修学期間一年のあいだに、学業を中断したようである。後藤英三氏は、

「明治二四年四月、東大における眼科学の研鑽を了えて郷里盛岡に戻った先生は、ただちに内加賀野に開業したものであろう」（前掲：後藤英三著、七七頁）

と記しているとおり、三学期終了は七月一〇日になることから、明らかに途中で休学し、そのまま退学したものと思われる。

研究報告書も提出されたものと思われ、撰科を修めたと認められる。また、右の願い出には診断書も添えられていた旨が明記されているが、病名も医者の名前も分かっていない。俊次郎をよく理解する義父自祐が、その診断書を書いたのかも知れないし、あるいは大学病院の医師によるものとも考えられる。添付された診断書に関する資料は残されていない。

三宅秀に医学と社会の関わりを学ぶ

休学届の宛先である「（帝国大学）医科大学長三宅秀」は、日本の近代的な医学教育だけでなく、医療行政の確立に尽力した人物であり、明治二一年（一八八八）、池田謙斎、橋本綱常、高木兼寛、大沢謙二とともに帝国大学から初めて医学博士を授与された初代の帝国大学医科大学長である。三宅は公衆衛生、貧民救済、伝染病予防、都市の汚染水処理、大学の医学組織、地方病の研究などに力を尽くすとともに、鍼灸《しんきゅう》に理解を示し、東京盲唖《もうあ》学校の全盲の卒業生を採用することにも貢献していた（佐々木恭之助『三宅秀

とその周辺』日本医史学雑誌、二〇〇五)。

俊次郎は指導教授の河本重次郎から最新の眼科学を学び、三宅秀からは医学と社会との関わりについて強い影響を受けたものと思われる。

明治二四年(一八九一)二月、盛岡に残した妻リサが臨月を迎えていた。家族が一人増える。俊次郎は妻子を養いながら、これ以上、勉学を続ける必要があるのかと悩み、東京での遊学生活はこの辺で十分だと思い始めたのだろう。さらに中原貞七の落選にともなう三田家の窮状も影響したものと思われる。

河本教授の懇切な指導や将来への配慮もあり、休学に際し研究室に残ることを進められた。しかし思い留まることはなかった。俊次郎の帝国大学医科大学撰科の在籍期間はわずか一年半であったが、この期間は俊次郎にとって、医事改革に向けるエネルギーを充分に蓄える期間となった。

2 帰郷後、三田眼科医院を開設する

長男雪太郎の夭折《ようせつ》と、三田眼科医院の開設

明治二四年(一八九一)三月三日、俊次郎と同じ誕生日に待望の長男雪太郎が生まれた。だが、翌々日に亡くなるという悲しい出来事に変わる。リサは幾度かの流産を経て、やっと誕生した我が子であったから、ひどく落胆し、なかなか立ち直ることができなかった。

俊次郎は、一念発起して眼科医院を開業することを決めた。俊次郎はリサに言った。

「わしは、眼科を開業したいが、どうじゃ」

リサは、その言葉を待っていたかのようであった。

「手伝います。あっ、実家に古い薬瓶などがありましたった」

翌日、リサは少し高揚して、近くに住む父自祐にそのことを伝えに行った。自祐は金のない俊次郎夫婦に医院開業にあたって資金面だけではなく、医療活動を開始するため、手元にある数々の医療備品も快く提供することにした。土地も家も、実は三浦家が借りたものを又借りしてのことだった。こうして、市内の内加賀野《うちかがの》小路に「三田眼科医院」が開設された。当時、兄義正も弟を支援するだけの蓄財がまだなかったから、自祐の厚情をありがたく思うのだった。

同年、思いがけず、河本重次郎が盛岡にやってきた。面倒見がいいという評判の河本教授はこのように、地方で活躍する弟子たちを激励に訪れていた。『河本重次郎回顧録』に、

「東北では、以前、明治二十四年頃、盛岡迄出かけ、三田俊次郎君宅に一週間程在宿し、帰途松島、塩釜を経て仙台に出で、（後略）」

と記されている。河本自身も豊岡藩（兵庫県）の下級武士の家に育ち、維新後は困窮の生活を強《し》いられたことから俊次郎に親近感を抱いたのかも知れない。一週間も滞在するほど師弟関係を超える気の合う仲だったようである。

良医の世評を受け、患者から信頼を集める

三田眼科医院を開業して間もなくは患者の数も少なかったが、医科大学で学んだ最新医術のおかげで評判も高まり、やがて多くの患者が集まるようになった。診療所は普通の入院室のほか、貧困者にこそ眼病者が多いことから、安い費用で治療が続けられる自炊用の病室も備えた。青森から遠路はるばる訪ねて来る患者を診ることも多くなり、自宅の診療所には連日、朝から長い列ができた。

診療技術はもちろんのこと、その声がけや心配りに患者は惹きつけられ、俊次郎は良医として多くの信頼を集めた。俊次郎は、

「手やからだは常に清潔にな。眼ば、擦《さわ》るんじゃないぞ。手拭《てぬぐ》いは別々にしてくれろ」

と注意し、また、煙草《たばこ》を嗜好《しこう》する患者に、

「煙草の煙は眼によぐないがら、通気がいいところでな」

「それど、長い煙管《きせる》を使って、なっ。ただし、煙管に火を付けるとき、火鉢《ひばち》に頭をぶっつけるんじゃないぞ」

とやさしく諭《さと》した。妻リサは生来《せいらい》の温顔で患者に接し、三田眼科医院の評判の良さを支え、内助の功を発揮していた。

眼疾患の多さを伝えるイサベラ・バードの記録

三田眼科医院の開業より一三年ほど遡《さかのぼ》る記録だが、青森における眼病を患う人たちの興味深い記述が

残されている。東北・北海道を旅した英国人旅行家イサベラ・バードの、明治一一年（一八七八）の日記である。

「一日に三度、たくさんの眼病の人に亜鉛華目薬をつけてやる。その治療をしたら、三日間のうちにすばらしい効き目があった。（中略）目薬をつけてやるので、村の人々は私にたいそう親切になった。私にみてくれと多くの病人を連れてくる。その大部分の病気は、着物と身体を清潔にしていたら発生しなかったであろう」（イサベラ・バード著、高梨健吉訳『日本奥地紀行』二二二頁）。

イサベラ・バードは外国人には未知の北日本に足を踏み入れ、当時の東北の貧困な状況を本国に知らせている。彼女は医者ではなかったが、英国の慣用的手法を用いて眼病を治療したという話である。当時の青森県碇が関付近のことであるが、青森に限らず、貧しく衛生環境が頗《すこぶ》る悪い岩手にも眼疾患はかなり多かった。

同年（明治一一年）九月には明治天皇が北陸ご巡行の際、眼の悪い人が多いので調査して、治療、予防を尽くすようにと一、〇〇〇円を御下賜され、このことが「眼の愛護デー」設置に繋がったと言われている。当時、北越や東北地方には眼疾患が多かったのである。

また、二五年ほどのちの「岩手済生新報 第十九号」（明治三六年一月三一日発行）には、県警察部衛生課長の長谷川佐太郎が、トラホーム疾患の患者の増加傾向について社会的観点からの実害を、

一、トラホームハ治療期永キカ為メニ国家ノ生産力ヲ害スルコト大ナリ

二、治療期永キニ渉ル為メ経済上の関係ヨリ放擲シ遂ニ失明ニ至ルモノ多シ其結果無能労力者ヲ遺スノミナラス将来国家ノ干城モ遂ニ眼病者ヲ採用セサルヲ得サルノ奇観ヲ呈スルニ至ルヘシ

と述べ、眼病で視力を失うことは国家社会において大きな損失であり、岩手における盲目者数一、五七四人（男八三五人、女七三九人）を調査したが、トラホームのために失明した人の数を割り出すことは難しい。ただし推計すると七四人余りで、これは衛生環境の発達により漸次、その数は減少していくとの見方を示している。

これらの記録を見ても、明治期の眼疾患は極めて深刻な伝染病であったことが分かる。俊次郎が眼科医を志した理由が、この辺にあると思われるのである。なお明治に入って、伝染病対策など衛生行政の現場で特に活躍したのは医療職者というより警察であった。父義魏は維新後、警察の仕事に従事していたので、伝染病の取締りなどに関与していたとも思われる。

「これが義正、おめぁはん（お前さん）に渡せる最後の金じゃが」

明治二五年（一八九二）春、義正の耳に中原貞七が東京の成立学舎を手放し、山形尋常中学校（現・山形東高校）の校長に就任したとの風の便りが届いた。あれほど親しく緊密に連絡を取っていた二人だったが、選挙後はいつしか疎遠になっていたのだった。

同年五月、義正に長女カメが誕生した。喜びに包まれ、これまで通りに県会議員や県の常置委員を務

めながらも、第一回衆議院選挙のあとの三田家の切り盛りに苦闘する日々が長く続き、必死に起死回生の方策を練ってみても、なかなか好転しなかった。

気丈な母キヨは、三田家の戸主としての義正が製糖業に手を出したり、政治の道に進んでもほとんど干渉しなかったが、義正の苦境を見かねて、さすがに今度だけは黙っていられなかった。キヨは、

「先輩の友達のために、お前がはらった努力は敬意を表する。友情に厚いところを見せてくれて、私としても満足だったが、結果的には、わが三田家のこれまでの財産を相当なまで使い果たしてしまった。それを、お前はどうにかしなければと思っているようだが、今のお前の力では一朝一夕にできることではない。実は今ここに六百円の金がある。お前には内緒にしていて悪かったが、飯岡村の田畑を売った金である。まさかのときにと思って蓄えていたのだが、使うときがきたようだ」（前掲：藤井茂著、九〇～九一頁）

と言って、

「義正、これが、おめぁはん（お前さん）に渡せる最後の金じゃが」

と六〇〇円を渡し、自分たち家族にとって、この金が最後の命綱《いのちづな》であると付け加えた。他の弟妹たちも犠牲になるかも知れない覚悟をもって、何とか長男を助けようとするのであった。義正は汗顔《かんがん》の至りであったが、俊次郎の目の前で母に深く頭を下げるのだった。

義正の「三田火薬販売所」開設

自分たち家族にとっての最後の金が母キヨから義正に渡されたとき、加賀野で商売をしている火薬店が、屋敷だけでなく火薬の商権も譲り渡したいとの話を俊次郎は耳にした。そして義正に言った。

「兄《あに》さん、新田目さんが火薬の商権を売りたいと言ってるじぇ」

思いがけない話だった。

「えっ、ほんとか」

日清戦争が始まろうとする矢先のことで、義正はこの戦争の火蓋は確実に切られるとの感触を得ていた。義正は、すぐにその話に飛びついた。

「ならば、買い取る」

俊次郎こそ兄義正の大事業欲に火を付け、政治家からの転身を促し、やがて成功に導く救いの神となったのである。義正は自身の奮起と三田家の隆盛を願って、母キヨから渡された最後の金を元手に、火薬鉄砲店の商権を新田目恒治から買い取ることを決意した。一か八かの勝負に出たのである。

苦しい家計のなかでの新しい事業の起ち上げは、妻サメを引続き質屋通いさせることになった。義正は火薬について学農社で学んだ経験もなかったから不安もあったが、心機一転して一から学び始めた。かつて、日新堂では科学技術として砲術や大砲の鋳造を開講していたから、それらの書物を借りて急いで知識を詰め込もうとした。

だが、戊辰《ぼしん》戦争で朝敵の汚名を被ったため、日新堂の軍事兵器等の関係資料はほとんどが焼却されて

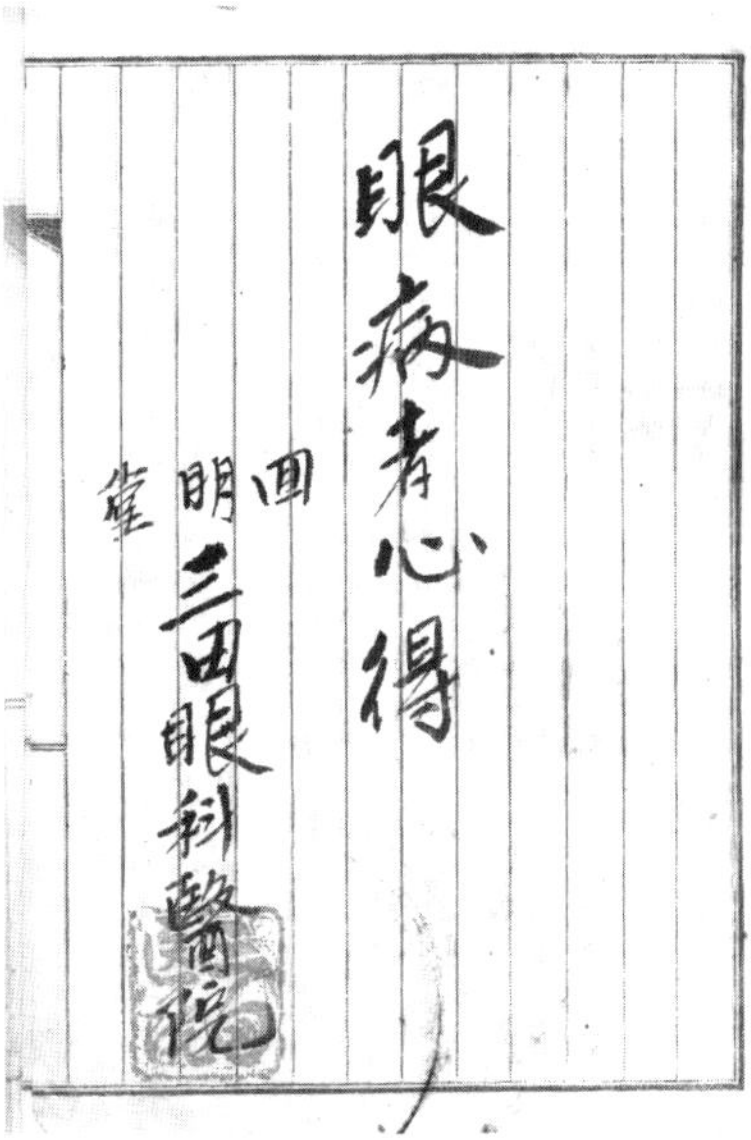

▲『眼病者心得』（三田家所蔵）表紙

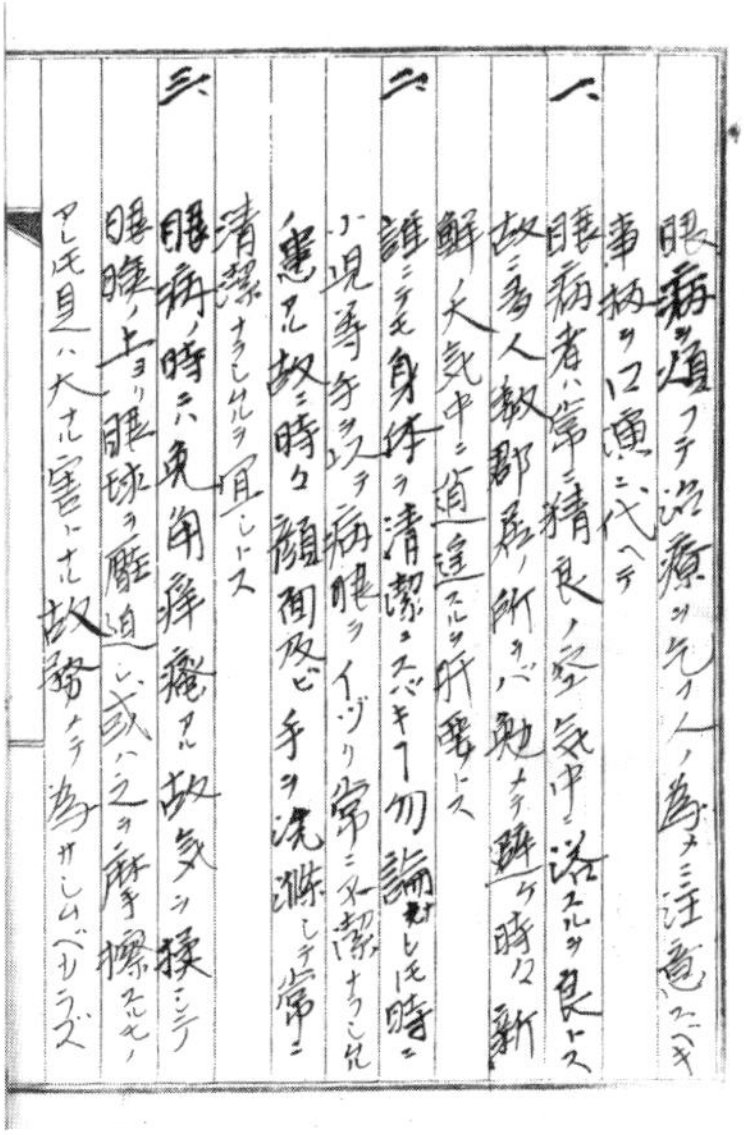
▲『眼病者心得』（三田家所蔵）本文

いた。義正が火薬に関する詳しい知識をどのように得たものかは定かではないが、どうやら上京して集中的に学んだようである。帰郷すると義正は明治二七年（一八九四）、加賀野磧町の自宅に「三田火薬販売所」を開設した。二年後、俊次郎は近隣の浅岸村に分家して新田目次郎を養子として迎え入れ、診療所まで毎朝、通うこととなった。この時点を境に、二人の兄弟はそれぞれの事業に邁《まい》進《しん》していくのである。

日清戦争は同年八月二日の清国への宣戦布告に始まり、翌明治二八年四月の講和条約の締結で日本の勝利となる。時流を見るのに敏な義正の予想が的中したのである。

一七ヵ条の『眼病者心得』

三田眼科医院が軌道に乗ってきたころ、俊次郎夫婦がこの内加賀野小路に移り住み、職住一体の生活をはじめたのは明治三一年のことで県から岩手病院を借り受けて、人生にも勢いがついてきたころである。俊次郎は内地留学で学んだ新しい医学を教えるため、自宅に書生を集め、寝食を共にする生活を始め、書生たちの面倒をよくみて師弟関係を築いていった。リサもまた、書生たちの日常の世話や患者との応対、診療所の業務を手伝い、公職につく夫をよく支えた。こうした簡素で清廉《せいれん》な生活は俊次郎はじめ書生や周囲の人たちに、謙虚な人柄を育《はぐく》む素地をつくっていったのである。

俊次郎は、『回明堂』三田眼科医院」の名のもとに、「眼病ヲ煩フテ治療ヲ乞フ人ノ為メニ注意スベキ事柄ヲ口演ニ代ヘテ」と題して、一七カ条の『眼病者心得』（巻末資料一参照・筆者翻刻）を著している。この心得を読むと、眼病予防への心構えを人々に伝えるとともに、医学教育の場をつくることへの希求がすでに芽吹いていたことが分かる。

第４話　医療医事の改革に挑む

１　閉院の県立岩手病院の貸《か》し下《さ》げを申し出る

県立獣医学校の設置案を痛烈に批判

俊次郎は三田眼科医院の地歩を着々と固めながら、明治二五年（一八九二）に「岩手私立衛生会」の評議員に当選し、衛生行政に関与するようになった。この岩手私立衛生会は、日本の衛生の基礎を築いた長与専斎が創設した「大日本私立衛生会」に繋がるものである。長与専斎はヨーロッパを視察し、「生命をまもる」「健康をまもる」という意味で、中国の『荘子』の「庚桑楚篇《こうそうそへん》」にある「衛生」という言葉を明治初期に採用したのである。

当時、岩手私立衛生会は県の衛生行政の諮問に応じ、その実施について県に協力して人々の医事衛生を監視する立場をとっていた。俊次郎は岩手の医事衛生を改善したいと思い、黙視することができず、積極的に関わっていったのであるが、「衛生」は都市づくりとも関連することから、俊次郎にとっては政治との関わりを学ぶ場ともなった。さらに、明治二九年（一八九六）には岩手県医会を創設して幹事に当選するなど、県医会の発展に尽力し、努力と実績が次第に認められていったのである。

その一方で、明治二三年(一八九〇)三月三一日に閉院した岩手病院の成り行きを注視していた。すると明治二九年(一八九六)、県立獣医学校の設置案が浮上した。俊次郎はすかさず、

「わがね(ダメだ)。人間の病気を治療する病院施設を、獣《けもの》を扱う施設にするっ。何、考えてるんじゃ」

と怒った。

医師石川武七郎と行動を起こして当時の県会議員に対しては、

「病院をいちど廃止してしまうと、改めて設置するのは困難を極めることでございます」

と述べ、

「また、伝染病などが発生したとき、非常なる困厄《こんやく》をきたすとともに、医事衛生の状況も黙視するわけにはまいりませぬ」

「岩手の医療状況を見ますれば、病院は絶対に必要と考えるところでございます」

と詳述した。東京の大学で最先端の医学を学んできた俊次郎には自信があったのだった。

岩手県はその年の六月一五日に三陸大津波が発生し、死者一八、一五八人の大災害を経験したばかりで切実な問題として医療従事者の不足に頭を抱えていた。

県議会の「無償で貸し下げる」との議決

同年(明治二九年、一八九六)一二月、県議会は、

「医療を提供し、医師、産婆、看病婦の養成をするのであれば無償で貸し下げる」と岩手病院について結論を出し、議決した。このころ女性は「看病婦」、男性は「看病人」の名称が使用されていたが、まもなく女性は「看護婦」に変わり、時代がかなり進んでから男性は「看護士」と区別して呼ばれた。男女ともに「看護師」の名称で統一されたのは平成一四年（二〇〇二）のことである。

明治二九年（一八九六年）開催の岩手県議会の会議録は次の通りである。

旧岩手病院貸下ノ件試問案ニ対スル答案（十二月二十四日可決）

私立病院開設ノ目的ヲ以テ旧岩手病院ノ土地建物其他一切ノ物件貸下ヲ願出ツルモノアルトキハ明治三十年四月以降貸付ヲ為スノ件諮問ヲ受ケ本会ハ審査ノ末左ノ通決議候条此段及答申候也

要約ノ条件

一貸付ノ物件ハ土地建物書籍及器械器具トス
一貸付ノ期限ハ諮問ノ通
一使用料金ハ之ヲ徴セス無料貸付ス
一貸付ヲ受ケタル私立病院ハ一般医療ノ外医学生産婆及看護婦養成ノ道ヲ計ルヲ要ス
一貸付ヲ受ケタル私立病院ハ医学士以上ノ医師ヲシテ院務ヲ担当セシムルコトヲ要ス
一貸下中大小破損ノ修理ハ貸付ヲ受クルモノヲシテ之ヲ為サシムルヲ要ス

一　以上要件ノ外公有財産貸付ニ際シテ普通要約スヘキ条件ハ県庁適宜之ヲ定ムヘシ
（岩手県議会事務局編集『岩手県議会史第一巻』岩手県議会）

一世一代の決意

明治三〇年（一八九七）に入り、俊次郎は施設等の借り受けを正式に申し出るために一世一代の決意を固めた。事前に妻リサが、俊次郎の意を受けて父自祐に援助を願い出た。それから俊次郎自身が詳細を説明するために自祐のところに赴《おもむ》いた。

「県が、元の県立病院の施設を貸し下げするとのこと。わしは、これを借りて病院経営をしたいと考えておりやんす」

そして、続けた。

「看護婦、産婆、医者も養成します。中央のように岩手にも病院が必要で、病気の治療とともに、岩手全体の衛生環境も改善せねばなりませぬ」

自祐はあまりにも壮大な目論見《もくろみ》に驚き、続いて言った。

「そうか、そうか、わかった。直道に協力するよう命ずる。俊次郎、お前さんの意気込みには感服する。岩手の大きな飛躍に繋がることじゃ」

それから、長男直道に向かって、しっかり俊次郎に協力するように伝えた。このとき、俊次郎の腹は据《す》わった。間もなく、俊次郎は貸し下げの決定を受けることとなった。自祐と直道親子を強力な後《うし》ろ楯《だて》として、いよいよ大事業経営に乗り出すこととなったが、自祐にとってもこの事業は、久しぶりに志気の昂《たかま》る一件となった。

岩手病院の経営について俊次郎は資金を集める任に携わり、回生堂の門下生で、自祐の息子で、リサの兄でもある直道も父の助言に従って最大限の努力を払うことを約束し、医師として務めると同時に、当面、事業の進捗状況を見守る役割を引き受けることとなった。

直道は甲種岩手医学校在学中に本校が閉校となったことから、そののち仙台の官立医学校（第二高等学校医学部）に転校し、同校を卒業して産婦人科医となっていた。眼科医院開業のときのみならず、この大事業に着手する際にも、三浦家は俊次郎に対して前途期待するところが大きいと言って、施設の改修や整備のための資金提供を惜しまなかった。このとき、自祐は七〇歳に差し掛かる年齢であったが、成り行きで自祐も病院経営に乗り出すつもりであったところ、結局、当初の話し合いの通り、俊次郎に全面的に経営を任せることとなった。

俊次郎三五歳、リサ三〇歳のときである。

2　岩手病院に看護婦養成所と医学講習所開設を目指す

院長に東京帝国大学の外科医杉立義郎を迎える

明治三〇年（一八九七）四月二〇日、俊次郎は貸し下げられた岩手病院を何とか開院までに漕ぎつけることができた。それでも、開院当時は設備も不十分で野戦病院の様相を呈していた。その年、事務は医局、薬局、事務局の三部門に分かれていて、職員は延べ三四名、医師は医学士二名、大学専科卒業者二名、医学得業士一六名、特許医学校卒業者一名、医術開業試験及第者三名の計二四名。薬剤師は大学卒業者一名、薬剤師試験合格者三名、助手三名の七名、事務員は男女合わせて九名。産婆は一四名。看護婦は延べ六一名が任務にあたった。院内には常時、看護婦取締一名と看護婦一六名が配置されている（「十年間経営概要計画」）。

藩政時代、一般民衆や農民は医療を受ける機会などあまりなかった。庶民は家伝療法や自主的な民間療法により病気に対処していたのであり、町医者も存在してはいたが、祈祷や経験による対処法であることが多く、むしろ医者に掛かるという考え方は生まれ難かった。明治に変わり、やがて西洋医学の考え方も取り入れられ、官公立病院が設置されるようになって少しずつ人々の認識にも変化が表れてきた。だが、〈医者にかかる〉ことや〈病院にいく〉ことは、富裕層の病気への対処方法であり、明治初期における医療施設の利用は一般庶民にはやはり縁遠いものであった。

時代はさらに進んで、公立の経営ではない私立病院も各地に誕生するようになった。公立病院に対抗して私立病院を繁昌させるには何らかの特徴を持たせなければならず、その方策として洋行帰りの名医の配置や貧困者への医療の提供が求められるようになっていった。このことが私的な個人病院を繁昌させる重要な要素となり、それが明治期の私立病院の特徴になったと言える。

俊次郎は私立岩手病院の院長に、ドイツから帰朝して高い評判を得ていた外科医杉立義郎を、東京帝

国大学から迎えることにした。杉立は兵庫県出身で愛知県立医学専門学校（現、名古屋大学医学部）に赴任する話が進んでいたが、

「岩手病院の院長には、ぜひとも名医を置きたい」

という俊次郎の強い思いから、初任給二〇〇円という給料で就任を要請したのである。

後日談ではあるが、杉立が愛知県立医学専門学校から盛岡の私立岩手病院に行先を変更したのは、俊次郎の高給話に乗せられたからだという。当時の県立宮城病院（現、東北大学病院）兼医学校の院長の給料が二五〇円であったので、高給とまでは言うことができない。それでも、自身の給料を割り引いて岩手病院の院長に回さなければならなかったから、俊次郎から見れば高給なのである。そうしてまで杉立の腕を欲した。俊次郎は次に、

「杉立先生が院長を引き受けてくれた。直道さん、副院長を引き受けてくれるか」

と、絶大な信頼を置いている義兄直道を、補佐として副院長に据えて万全の態勢を整えた。そして、病院のあるべき姿と活性化を目指して明治三〇年（一八九七）四月二〇日、私立岩手病院は、〈開院の案内と、貧困者の診療を無料〉にするという知らせを、

「このたび、旧県立岩手病院跡において病院を創立。来る二〇日開院。普《あまね》く患者諸君の診察治療の求めに応じる。ただし、無資力の患者は無料にて施療する」

と、新聞に告知して開院した。

さらに半年後の一〇月一二日の新聞には、

「内科、外科、皮膚病、梅毒、産科、婦人科、その他の科を含めて診療日を年中無休とする」との広告を出して、病院利用の便宜を図った。貧困ゆえに医者にかかることのできない多くの人々のために、明治三二年（一八九九）、岩手病院内に「施療部」を置いて低所得者層の診療が開始されたが、このことは県が考える医療の公益性の一端に合致するものでもあった。

多忙な俊次郎の診療生活

俊次郎は自宅の眼科医院の仕事と並行させながら、公職に取り組み始めた。俊次郎の多忙な一日は起床と同時に始まる。薄暗いなかを経営上の指揮をとるため岩手病院に向かい、指示を伝え、自宅に戻って朝飯を急ぎ済ませ、三田眼科医院の外来や入院患者の診察を、毎日、午前八時から一一時までと、午後三時から四時半までの時間帯で継続した。

昼飯も早々にして、また、岩手病院に戻って、眼科部長としての診療に携わる。その間にも会議や訪問客にも対応しなければならない。そして、再び自宅に戻って三時からの診療を再開する。幸い、自宅から病院までは徒歩で一〇分足らずの近距離であり、当時では珍しい婦人用の自転車も愛用していたから、一日二、三回の往復も苦ではなかった。生活も切り詰め、不眠不休の渦《うず》に揉《も》まれるような毎日であった。しかし、そもそも病院や医学校設置を望んで始めたものであったので、こうした激務も厭《いと》わなかった。

「大事にしてくなんしぇ」

妻リサは俊次郎の身体を常に気遣《きづか》うが、俊次郎のやり方に口出しはしなかった。リサの理解は大きかった。

俊次郎の帝国大学医科大学時代の師であった河本重次郎は、午前中大学で講義、診療、手術を行い、午後は帰宅して麹町の河本病院で捌《さば》きれないほどの患者の診療にあたるというのが生活のパターンで、怠惰とは縁遠い人であった。しかも持病の喘息と闘いながら、寸暇を惜しんでは専門書や教養書に目を通すという有様であった。夫の健康を心配したのは夫人であり、喘息の発作がおきないように静養を進めても、「発作休止のあいだこそ勉強しなくていつするのか」と河本は応えたという。俊次郎は河本の精進と熱意の姿に学ぶところが多かったのだろう。

明治三陸大津波により、看護婦産婆の養成を痛感

開院当時の看護婦はあくまでも医者の補佐役であり、医学および看護学関係の専門的な教育を受けたものはいなかった。実地の経験をもつ看護婦が二、三人いたにすぎなかったという。明治二〇年代の岩手における医療従事者は医師、薬剤師、産婆、鍼灸との記録はあるが、看護婦は記されていないという（細越幸子「明治三陸大津波と日赤看護婦養成との関連」日本赤十字看護学会誌、二〇一四）。当時の岩手において、看護婦教育を授ける教育機関はなかったから、看護婦の仕事が正式なものとして認められるまでには至っていなかった。病院の他の業務と兼務できる程度の仕事内容であった。

明治二九年（一八九六）六月一五日、明治三陸大津波が発生し、北海道から宮城県までの広範囲にわた

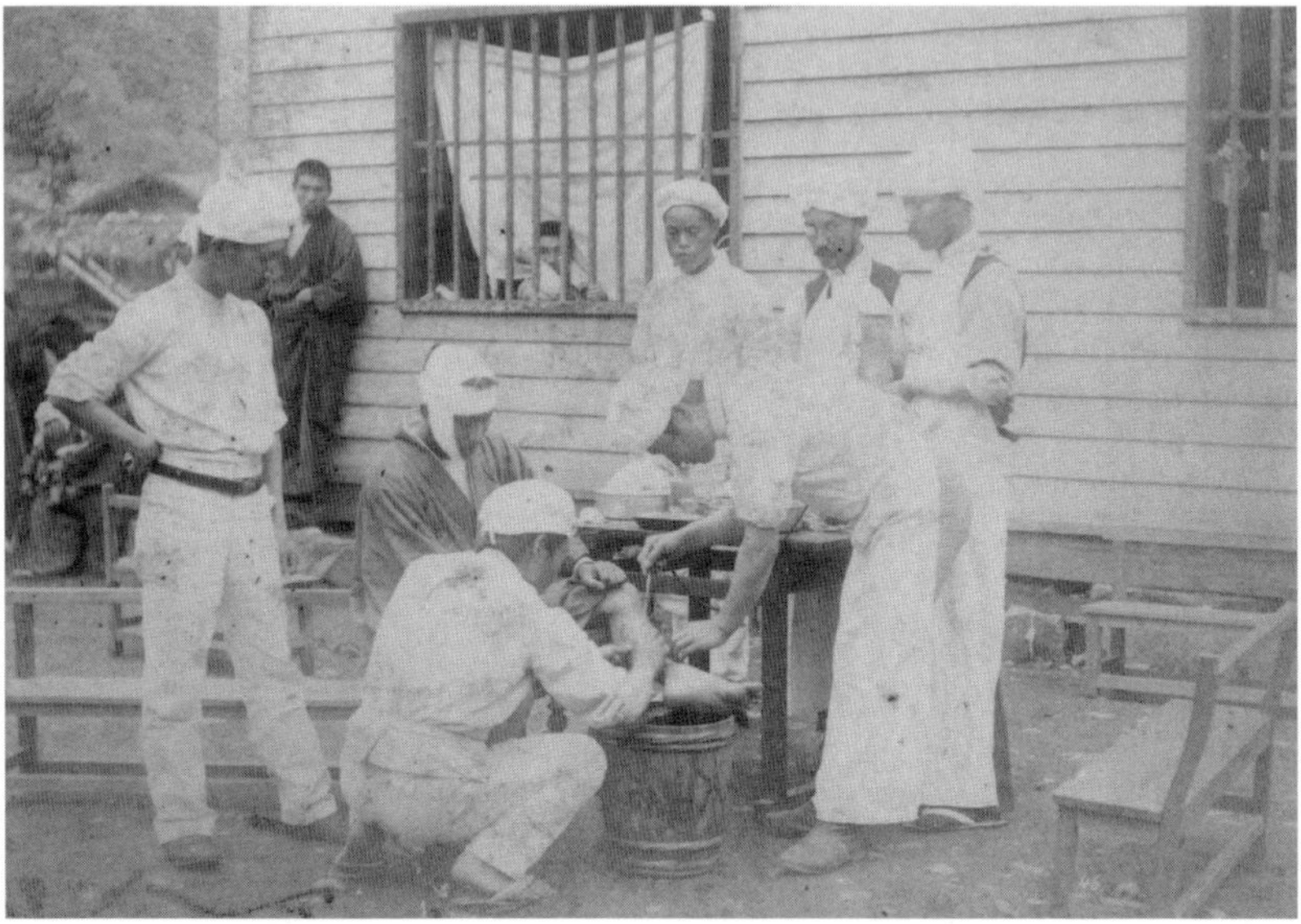

▲明治三陸大津波：釜石臨時病院内部外科手術ノ状其ノ一（日本カメラ財団所蔵）

る太平洋沿岸部は壊滅的な被害を被った。総死者数約二〇、〇〇〇人のうち岩手県は一八、〇〇〇人であり、岩手の被災状況は目を覆うものであった。このとき、岩手県では看護婦養成に着手していなかったので、県行政の動きは鈍く、被災地では東京から駆け付けた日本赤十字社の医師や看護婦の救護活動が展開され、多くの人々の困苦が緩和されたのである。

すぐに俊次郎は、私立岩手病院に看護婦養成所設立計画を立案し、同三〇年四月、岩手病院開設と同時に「岩手看護婦養成所」を併設した。そして同年八月には、日本赤十字社岩手支部からの要請に応じて一〇条の約定に基づく委託協約を結んで、無料で生徒の授業を行うことを始めた。（岩手看護専門学校『砂丘を越えて』六七頁、六九頁）

俊次郎がかつて帝国大学医科大学に入学した明治二二年（一八八九）四月、初めて医科大学第一医

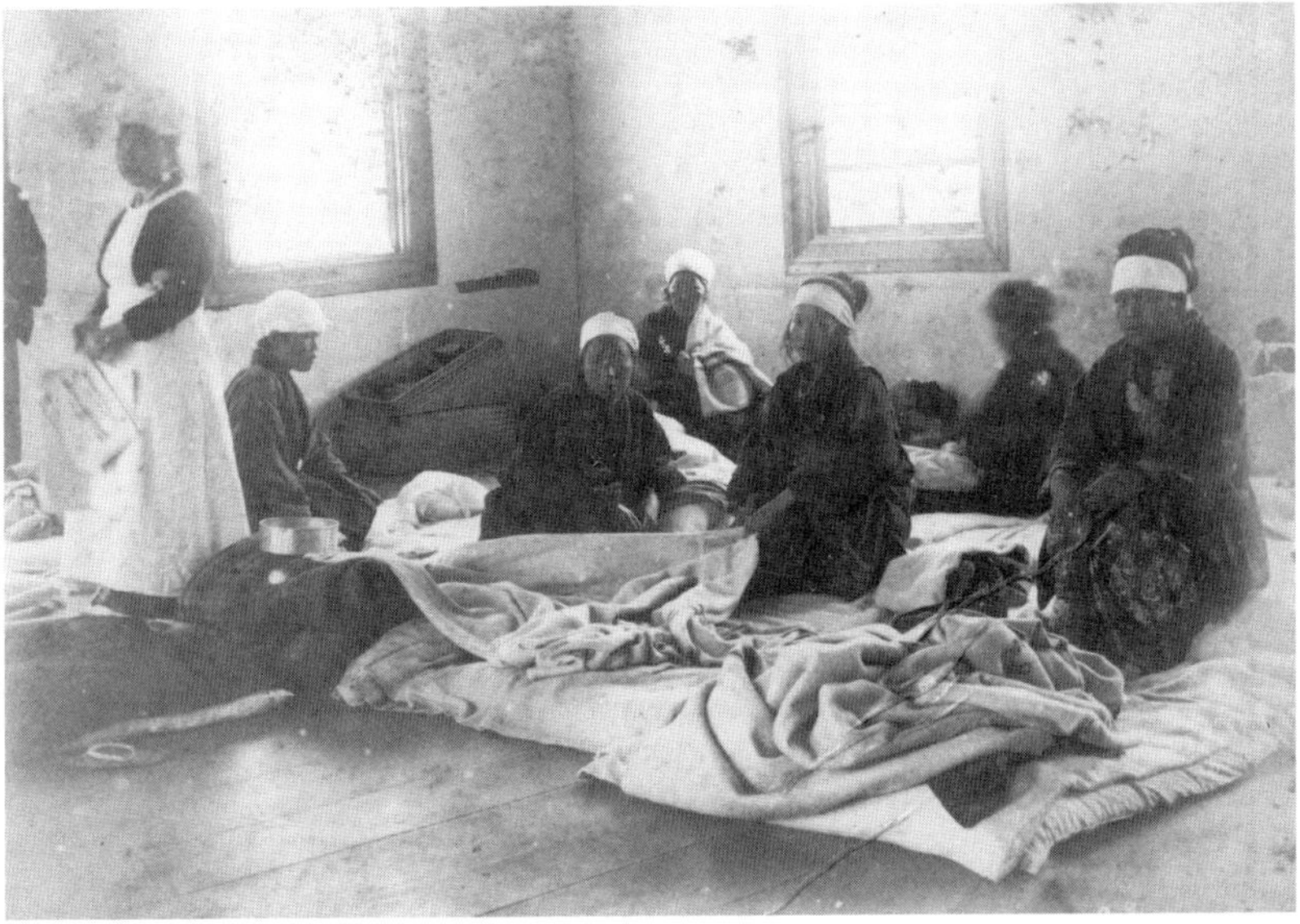

▲明治三陸大津波：気仙郡盛町赤十字社臨時病院ノ内部（日本カメラ財団所蔵）

院に看護婦のための「帝国大学附属看病法講習科（一年コース）」が設置された。

因みに、前身は戊辰戦争のときに設置されたものである。初めての看護教育は、ただ医師による医学的内容が教授されるという内容のものであり、あくまでも医師の補佐役とした教育が看護婦生に施されていた。

撰科に在学していた俊次郎も多少なりとも看護婦教育の実情について知ることができていたと思われる。その頃の医科大学の看護教育は病院自体には権威はあったものの、看護婦養成教育は正式ではなく、慈恵、同志社、日本赤十字の教育に比較すると遅れが見えたという（津田右子「日本の近代看護教育の草創期の教育観を探る」看護学統合研究、二〇〇二）。

長男俊定は後年、父俊次郎の苦労話を振り返って、明治三〇年、病院を開くにあたって先ずは看

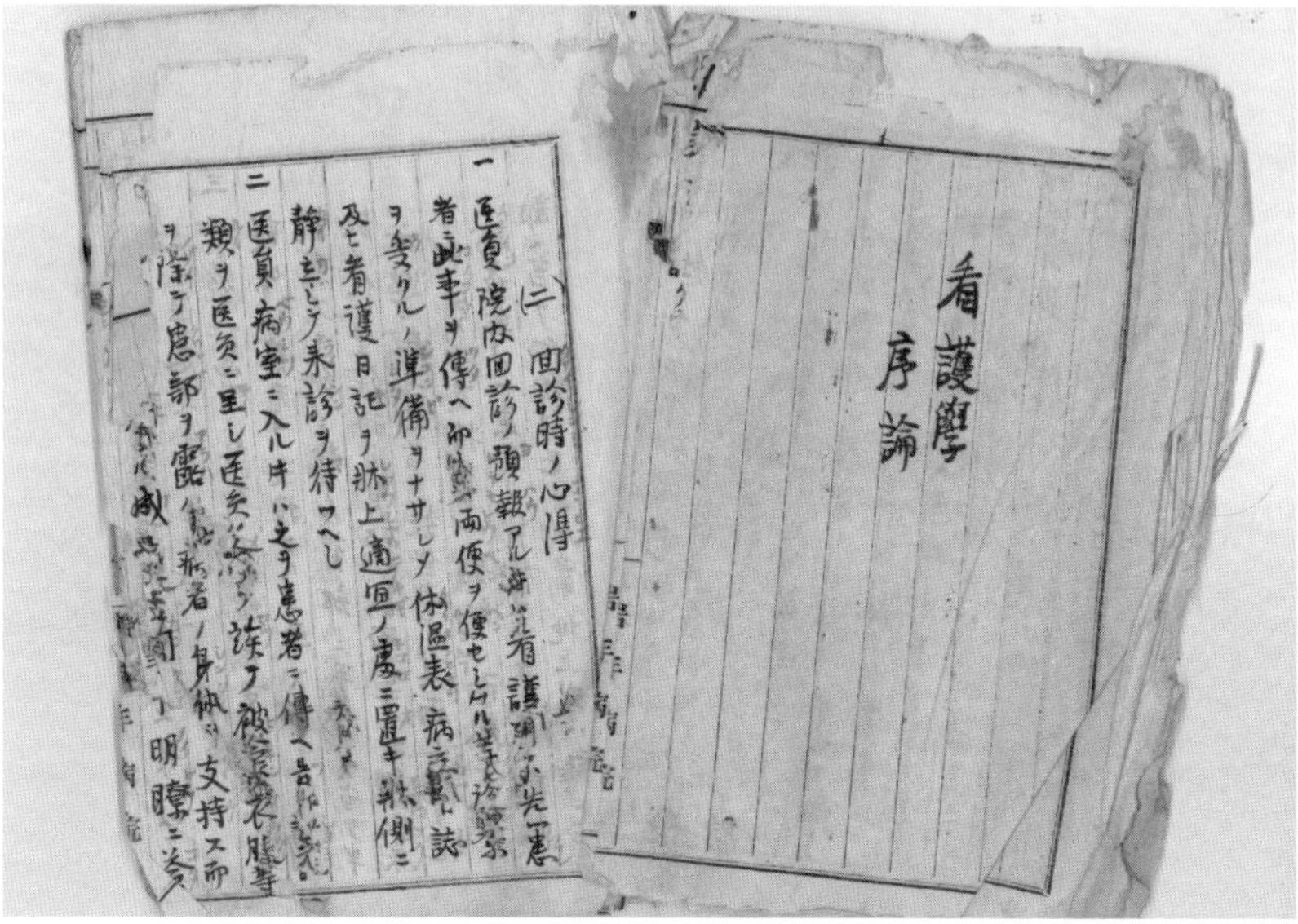

▲『看護学序論』(三田家所蔵)

護婦が必要とされた。医者の養成よりも看護婦や産婆を、とにかく確保なり養成なりしなければ病院経営は成り立たない。父俊次郎から伝え聞いた話は、病院の医療業務の要《かなめ》となる看護婦や産婆という職業について、まずは、その認識を高めることが必要であったという。

岩手病院内に産婆看護婦養成所を創設

明治三〇年（一八九七）、俊次郎は「看護婦講習生七名、産婆講習生七名」の募集広告を新聞に掲載した。看護婦や産婆がいなければ病院として機能しないと分かっていたから、徒弟式の養成機関として修業年限をまずは六カ月と定めてスタートしたのだった。その後、給費による「二週間速成看護婦生徒募集、貸費生一五名、自費生三〇名（学費ハ金五円内外ヲ容ス）」等の看護婦生の募集も間もなく始められた。

俊次郎は、とりあえず医者の養成より看護婦や産婆の養成を急ぐのであるが、人々のこれらの業務に対する認識は極めて低かった。養成所を設置したばかりのときは、看護婦生の入学者はわずか六名であった。しかも生徒集めに奔走してのことであり、産婆生はゼロであった。俊次郎は、

「医術の応用には看護婦や産婆の助けが必要じゃ。看護婦や産婆を何とか養成せねばならん」

として、看護婦や産婆に対する関心を高めることに努めた。

明治二九年（一八九六）の明治三陸大津波のとき、被災地に赤痢が発生し、翌年になっても頻発する状況が続いた。県内の医療現場では看護婦の需要が急激に高くなったことから、各郡市町村も志願者への補助の案を立てて俊次郎が目指す看護婦養成に援護したところ、少しずつ生徒は増加するという変化が見られた。また、産婆の養成について、岩手看護婦養成所では看護婦と産婆を兼務するような教育内容であったが、どうしても専門職としての教育が必要となり、三年後の明治三三年（一九〇〇）四月、「岩手産婆学校」が設立されて看護婦生とは分離しての教育が開始されたのである。

俊次郎は産婆看護婦養成所を創設したとき、看護婦教育においては当時の思潮に基づき、生徒がやがて家庭に入っても通用するようにと、貞淑温和な妻や母となるような婦徳の涵養にも努めた。むしろ、その頃、看護は主婦の〈心得〉とされて家庭で行われるものとの考え方が一般的であった。

看護婦学校開設当初の主任講師は俊次郎はじめ、岩手病院長の杉立義郎や副院長兼産婦人科部長の三浦直道などで、のちに、東京女子医科大学の学長兼理事長を務める久慈直太郎などもその任にあたっている。

3　医学生養成のため、三田医学奨励会を起ち上げる

人材育成の「岩手育英会」を発足

俊次郎が看護婦養成に尽力していた明治三〇年頃、岩手県には既に士族が主となる「北水社」という育英団体があった。維新後の岩手は経済的に窮する状況にあったことから、勉学を志す前途有望なる子弟を東京に送ることができなかった。特に、賊軍としての汚名をはらすには、「学問をもって恥辱をはらす」しかないと分かっていても遊学の費用がなければ、それも難しい。

北水社は明治一三年（一八八〇）、南部家をはじめ、太田時敏、田中館愛橘、栃内曽次郎など盛岡藩の有志六〇人が集まって起ち上げられ、士族の子弟対象に貸費生募集を開始した。同一六年（一八八三）には二人の貸費生を養成することができ、その後、事業も順調に推移したが、同二五年（一八九二）頃から運営不振が続き、それに伴い徐々に会員数も減少していった。

前述のように、義正が中津川沿いにある川留稲荷神社近くの自宅の一角に「三田火薬販売所」を出したのは明治二七年（一八九四）で、ちょうど日清戦争（一八九四〜一八九五）が始まる年であった。義正の火薬販売事業は時流にのって繁昌し、かなり儲けた。義正はこの利益を地域社会の発展のために活用したいと考えた。

そんな矢先の明治三一年（一八九八）四月、川留導火製造工場が爆発した。義正の子ども一人が巻き添

えになり、亡くなるという悲惨な事故となった。そのとき、母キヨは失意のどん底にいる義正とサメを強く励ますのだった。何とか、義正には立派な事業家に育ってほしいと願っていたから、辛いときにはよく近くの川留稲荷に参拝した。このときも社殿の鈴の手綱をしっかり握り占め、鳴らし、拝殿に向かって長いこと手を合わせるのであった。

同年（明治三二）一〇月二五日、義正は弟俊次郎宅に岩手病院副院長の三浦直道と盛岡中学校教諭で義正の先輩である冨田小一郎を招き、あることについて提案した。それは、育英事業を起ち上げ、若い人材を育てようというものであった。

「岩手の人材を育てたい。中央に立ち遅れないようにしなければならんが、どうじゃ」

四人はその場で意気投合した。この四人による人材育成が「岩手育英会」発足となり、動き出した。この義正の提案は、俊次郎が県から岩手病院の敷地建物を借り受け、大事業に乗り出したことに触発されたものであり、「三田火薬販売所」の収益を自社の発展と人材育成に注ぎ込むことにしたのであった。

キヨの流儀を継承

「岩手育英会規則」（註：明治三三年〔一九〇〇〕四月制定）は一一の条文からなるが、第三条で「入会にあたり毎月五〇銭以上を五年間、または一時金二〇円以上を寄付する」と定め、ここにキヨの流儀が継承されていた。

四人の発起人たちが毎月二円ずつ出し合い、五年間継続してから具体的に動くというやり方は、まさにキヨの流儀であった。没落士族の未亡人となったキヨは、倹しい生活で七人の子どもたちを育て上げた。子どもたちが独立してからは、独力で「積錙《せきし》育英会」をつくった。〈積錙《せきし》〉とはわずかなという意味で、少しのお金の積立てによる育英事業は、恵まれない子どもたちの学資に充てられるものであった。義正や俊次郎も、そのような母親の姿を手本に生きてきた。この育英会は規定もない限定的なものであったが、義正が起ち上げた「岩手育英会」の母体となったのである。

北水社は岩手の名士からなる大きな団体であり、他方、岩手育英会は四人の話し合いからなるささやかなものだったが、義正や俊次郎の事業が発展したことで大正一一年（一九二二）一二月、衰退した北水社を岩手育英会は吸収合併することとなるのである。

義正の事業は発展を続け、明治三二年（一八九九）、北海道の函館に第一号支店を開設するまでになった。順調な火薬販売は遂に義正を、母キヨに函館支店の経営監督を願い出させることになった。弘化元年（一八四四）生まれのキヨの生き方は明確であり、長男の意向に従うというだけのことであった。義正は、いつも自分の傍らにいて、それとなく助言してきた母の物を見る目、人を見る目、それに世情を見る目に狂いはなかったとの思いからであったが、それほど母に学ぶところが大きかった。

医学生のための「財団法人三田医学奨励会」の発足

義正が北海道の函館に「三田火薬販売所」の第一号支店を開設した年、明治三二年（一八九九）九月、今度は義正に誘発された俊次郎が、自らの苦学の経験から貧しい医学生のために学資を貸与する事業を起ち上げることを提案した。

「わしも、医学生を育てたい……。資本金はわしが出すので、同意してくれるか。岩手には何としても医者がもっと必要じゃ」

「財団法人三田医学奨励会」の発足である。医学研究と医師志望者に限定するものである。この協議員には、木村宗光、富田小一郎、関皆治、清岡等、それに義正と直道、俊次郎の七人が就任した。資本金は五、〇〇〇円で俊次郎個人による寄付からなっていた。「財団法人三田医学奨励寄附行為證書」には、

三田俊次郎は医学の発達進歩を計り、医学生を奨励する必要を認め、資本金五、〇〇〇円を寄付して「医学奨励会」を設立する。これを財団法人として基礎を永遠に強固なものとすることを希図し、ここに寄付行為をもって左の条項を定める。

と明記され、裏面には、「三田医学奨励会貸費規定」として、一四の条文が定められている。だが、実情はかなり大雑把であった。例えば、煩《わずら》わしい手続きなどは殆《ほとん》どなく、

「学生が俊次郎宅を訪ねるごとに、財布から金銭を掴み出して与えられた」

とか、

「休暇を利用しての旅行費用を随時出してもらった」

などと言われている。実際、徐々にその運営も貸費生の人選も俊次郎の独断的傾向が強くなっていった。

この奨学会の資金援助を受けて立派な功績を遺した人物がいる。
三田定則（岩手医科大学々長、東京大学名誉教授、元台北帝国大学総長）
久慈直太郎（東京女子医科大学々長、日本赤十字社本部産院々長）
小野寺直助（九州大学名誉教授、久留米大学名誉学長）
井上勝治郎（東北大学名誉教授）
久保田晴光（元満州医科大学教授）
などである（前掲：後藤英三著、一五五～一五六頁）。
いずれ養子となる関（三田）定則が、俊次郎に書き送った仕送りの礼状が残されているが、リサから作ってもらった羽織の御礼までも書き添えられているなど、定則は感謝の気持ちを伝えることを忘れなかった。
俊次郎が貸費の返還に期限を設けなかったのは、奨学生が世の中のために貢献してくれることを何より望んだからで、つまり出世払いである。おおらかな一面を見せているようだが、後年、彼らが俊次郎の事業に関わっている様子から、実は彼らを投資の対象として見ていた一面もあったのかも知れない。また、この奨学金の申請時には生命保険に入るように促されていた。このことについて、不慮の事故に備えてのことと俊次郎は説明しているが、極めて現実に立脚したものの考え方が受け取れる。
御恩に報いる奉公は、人格が高潔で優秀であればそれなりの返礼は見込まれる。藩政時代の忠義の精神が未だ残る世情において、俊次郎は確実に〈義理〉は果たされるものと確信していた。〈返還義務〉が美的に〈義理を果たす〉に言い換えられ、相互が納得のいくかたちで俊次郎の事業への協力が得られれば、それは、それで事はうまくいくということなのだろう。

盛岡医会堂の設立と医学講習所の開設

さて、盛岡における天然痘に対する予防接種は早くから実施されていたが、明治二〇年（一八八七）の種痘の実施を契機に、開業医を中心とする「盛岡医会」が結成された。市内の有力な医師たちから、明治一九年（一八八六）三月の「県立甲種岩手医学校」の廃校、明治二一年（一八八八）三月の「岩手病院中設置の附属医学講習所」の閉鎖以来、後継者を育成する医育機関の皆無状態を嘆く声や医学医療の会合場所が必要などとの意見が徐々にあがってきていた。

　俊次郎は岩手病院主と盛岡医会の副会頭の立場で、医育機関の企画と建設を任されることとなり、明治三三年（一九〇〇）六月、

生徒募集
第一期生　参拾名
第二期生　補欠　貳拾名
右募集ス志願者ハ九月十日迄ニ申出ベシ
三十三年八月　盛岡市内丸
岩手医学講習所

産婆生　弐拾名　看護婦生　貳名
看護婦生ハ一ヶ月三円以上五円迄給費ス
右募集ス志願者ハ九月二十日迄ニ申出ベシ
八月　岩手産婆看護婦養成所

▲生徒募集広告（「岩手毎日新聞」明治33年８月28日）

俊次郎を中心に盛岡市六日町に「盛岡医会堂」が設立されて「岩手医学講習所」が開設された。これを明治三四年（一九〇一）、私立岩手医学校に組織を整えて移管したものが、岩手医科大学の萌芽であると後藤氏は記している。

岩手医学講習所は岩手病院を実習の場として、二カ月後の明治三三年（一九〇〇）八月二八日、岩手毎日新聞に募集広告を掲載した。第一期生三〇名、第二期生補欠二〇名を募集し、岩手産婆看護婦養成所としては、産婆生二〇名、看護婦生二名を募集した（八五頁参照）。

「十年間経営概要報告」（註：岩手病院が明治四〇年に県に提出した報告書）によると、明治三〇年（一八九七）から三三年（一九〇〇）までこの医学講習所に在籍していた生徒数は、三名、四名、四名、六名の記録がある。この期間は、俊次郎のいわば巨歩を踏み出す前のウォーミングアップの時期であった。明治三三年（一九〇〇）一二月一九日付「岩手毎日新聞」掲載の記事には、

「一昨十七日午後一時半より挙行門前には大国旗を交叉し岩手医学講習所増築校舎開場式の大文字を掲げ式場は新築校舎を以て之に充て右には菊水の幕と国旗を交叉し其正面には学生の意匠に成

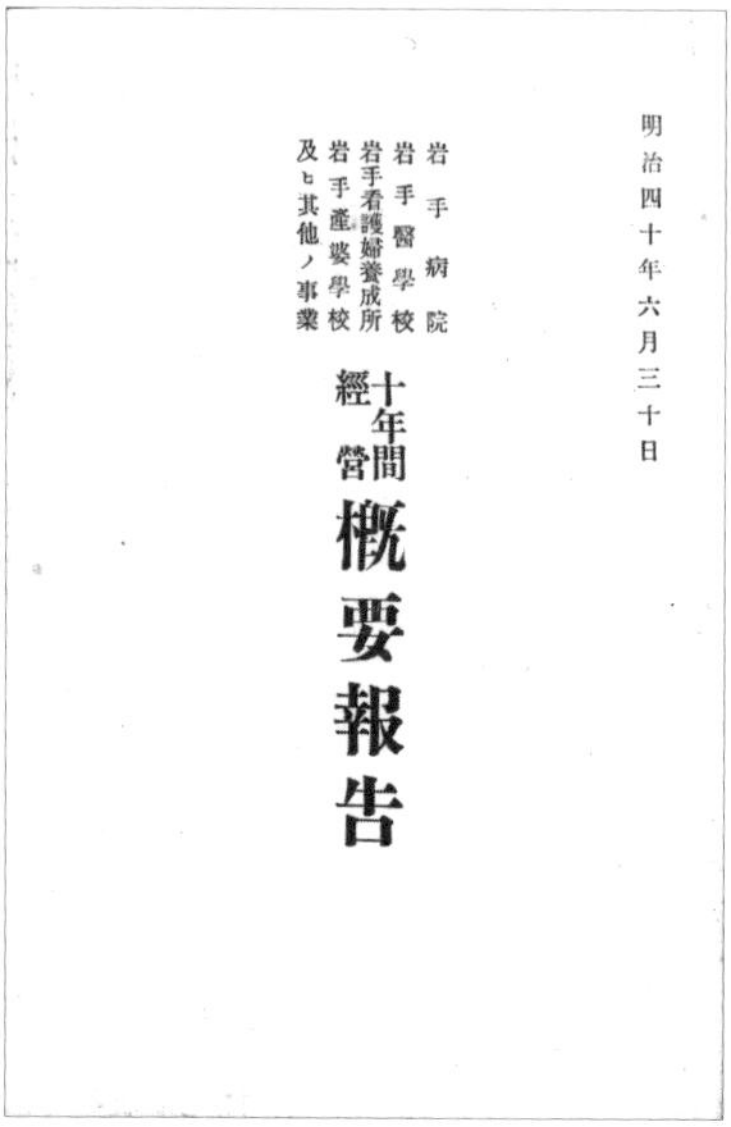
明治四十年六月三十日
岩手病院
岩手醫學校
岩手看護婦養成所
岩手產婆學校
及ヒ其他ノ事業
十年間經營概要報告

▲『十年間経営概要報告』（三田家所蔵）

□る人骨を以て装飾せる祝開校なる額を掲げ廊下には（略）」
と〈祝開校〉の様子が記されている。この記事からも明らかなように、このとき医学講習所を正式に発足させたのは、私立岩手医学校創立を見据えてのことと考えられる。

４　岩手病院を譲渡され、私立岩手医学校を創設する

県の払い下げ案を受け、明治三四年一二月に払い下げ額を納める

明治三四年（一九〇一）三月、知事北条元利は、俊次郎が県より借り受けている旧県立病院の敷地建物について払い下げ案を出してきた。あわせて、払い下げを請求する意志がなければ、同三〇年（一八九七）より一〇年にわたる貸し付けの計画は破棄して返納すること、という命令が下された。

「何ていうことじゃ。困った。金がない」

俊次郎は頭を抱えた。未だ、事業経営を開始してから四年しか経っておらず、設備も十分整っていなかった。これらの事業を継続するためには特別な計らいが必要であった。診療所を開設するとき、県から病院の貸り下げを受けるときにも義父三浦自祐から資金が提供された。たびたび迷惑をかけてきた。俊次郎自身は診療所の報酬を貯めて病院経営を図ってきたが、とても間に合わない。

今回は莫大な資金が必要となり、追い詰められた。俊次郎は岩手病院の貸り下げを受けてから漸次、看護婦や医者の養成所設立や困窮者のための無料診療部の設置、あるいは法医学の側面から裁判所に協

力まで行ってきたが簡単なことではなかった。

俊次郎は特別な配慮を願って、県に対して必死に懇請するしかなかった。そうして、何とか県議会の同情を集めた。その結果、俊次郎の人望とそれまでの尽力が評価されて、有利な払い下げを可能にしたのであった。ただし、許可の日から明治四〇年（一九〇七）五月末日まで必ず病院を開設していること、および、産婆、看護婦の養成を廃止しないことが命令条件として掲げられた。

明治四〇年（一九〇七）、「岩手病院 岩手医学校 岩手看護婦養成所 岩手産婆学校 及ヒ其他ノ事業十年間経営概要報告」（略して「十年間経営概要計画」）が提出されているが、そこには明治三〇年（一八九七）、岩手県立病院の敷地建物を一〇年の期限で借り受けてから、病院を運営するとともに、看護婦養成所や産婆養成所、医学校を設立し、施療部の設置、医事衛生の雑誌の発行、医学図書室の整備などを進めているときに、突然、県から払い下げ案の通知があったことが明記されている。

俊次郎は旧県立病院の敷地建物等の払い下げ額八、二四六円四二銭二厘を納め、明治三四年（一九〇一）一二月一八日に手続きを完了させた。これをもって敷地及び建物は経営者である俊次郎の私有となり、他からの干渉に煩わされることはなくなった。そして、「私立岩手医学校」を設立して医育教育に邁進し始めるのであるが、俊次郎の私財とともに、実はこのときも三浦家の莫大な資産が自祐の意向により投入された。しかし、なぜ、こんなにまで自分を助けてくれるのかと俊次郎は思うところがあった。

三浦自祐の過酷だった白石往復の記憶と、俊次郎に託した希《ねが》い

自祐は盛岡藩が戊辰戦争に敗戦したことで減転封を課され、明治二年（一八六九）六月、藩主の命に従って白石まで行った。当時四〇歳を超えていた自祐にとって、盛岡から白石までは体力的にも精神的にも過酷な行程であった。移動手段がどのようなものであったか、その詳細は不明だが、徒歩であれば七日から一〇日もかかる道のりである。

苦労して白石に到着したあと、領民による「白石転封反対運動」が展開されて転住は中止となり、自祐たちは再び盛岡に復帰となった。往復路の疲弊に伴う屈辱感は、ただただ心の深奥に蓄積されていくのであった。さらに、白石への減転封の直前に盛岡藩主席家老楢山佐渡が処刑されたのだ。三〇年以上も前の佐渡の仕置きは自祐にとって堪え難く、悔しい記憶となって久しく感情が揺さ振られてきた。

「俊次郎、わしは藩士たちと白石までを往復した。そのときの多くの藩士たちの気持ちを、どう伝えたらいいか分からんのだ。金もなく、家財もなく、汚く粗末な身なりで、朝から晩まで歩き続けなければならなかった。全く真っ黒になってなっ」

ふっと、考え込むように、また、言った。

「ただ、黙々となっ」

自祐は、当時の様子をあまり口にすることはなかったが、あるとき感慨深く俊次郎に語ったことがある。度重なる資金援助は決して俊次郎だけに向けられたものではなく、自祐自身も岩手の貧困からの脱却を望んでいたのであり、戊辰戦争以降、特に中央からの立ち遅れを懸念していた自祐は、やりきれな

い心情をこのように吐露するのであった。
師は弟子の、あるいは義父は娘婿の力量に賭けて医事改革を託すと同時に、人々の深い心の傷も癒してほしいと希《ねが》ったのである。

5　学生獲得に向け、医者の利点について講演する

念願の「私立岩手医学校」を創設

明治三四年（一九〇一）、「医学講習所」は六日町の盛岡医学会から岩手病院内に移され、ようやく「私立岩手医学校」が創立された。その経営は岩手病院の院主である俊次郎に任された。俊次郎にとっては念願の医学校開校である。

岩手医学校第一期生の入学資格は高等小学校卒業者、もしくは中学校二年修了者、またはこれと同等以上の学力を有するもので、就業年限は三ヵ年半とし、内務省医術開業試験に合格する程度まで教授するとされた。当時の制度では、岩手医学校を卒業した者がすぐに医師になれるわけではなく、内務省の医術開業試験に合格し、付随する条件、すなわち二ヵ年の実地研修、あるいは二名の医師による保証を得ることで、医術開業の資格が与えられるというものであった。

しかし、岩手の医師不足を何とかしなければならなかった。そこで岩手医学校の卒業生を県内に留める方策として、医術開業免許状を受けた者に三ヵ年以上、岩手県内において医師として従事する義務を

課すことで、地域の医療環境の劣悪さを改善する手立てが講じられた。医師免許を得たあと岩手を離れて県外で開業することを極力抑えるためであった。

岩手医学校の生徒は大変成績がよく、東北各県の医学校卒業生に比べて合格率も群を抜くほどとなっていたが、とにかく入学する生徒が少ないと思った俊次郎は、翌年、二人の教員と共に生徒募集のために高等小学校を手分けして訪問した。俊次郎は稗貫郡花巻小学校に、他の教員はそれぞれ胆沢郡水沢高等小学校と紫波郡日詰高等小学校に出向いた。「岩手済生新報第十一号」（明治三五年四月二五日発行）に、その際の俊次郎の医学生募集に関する演説文が掲載されている。医者と医学教育についての率直な考えが示されている。

俊次郎の医学生募集に関する演説文

医師を志す人が少ないのは、医師が世間から誤解されているからであり、その理由となる背景について述べている。

「さて、世人が医学に対する観念の誤謬《ごびゅう》について述べれば、欧米各国にあっては、医学もまた以前から科学として認められ、学術界に重要の地位を占めてあります。しかし、翻《ひるがえ》ってわが国の現状を見れば、百事文明の真価を認める者が多い今日においても、ひとりの人間として医学に対する観念に至っては、世の人の多くが未だ之を科学として認めないだけではなく、却ってこれを卑下する傾向にあるように思われます。

願うにこの誤想をしていた過去の時代において、一般医師の悪風より現時の医師を憶測した者であれば、怪しむには足らざれども今、誠に往事における医師の状態より、一般人士の迷想を来たせる由来と、且つ現時における医師との差異の所以《ゆえん》を述べましょう。

維新前における医師は、単に経験的に草根木皮を投ずるのみでありまして、生理的常規を離れて、病的に移る理由や薬を投じて病を治する理由等に至っては、茫然知る所がありません。また、医師を称して医卜の徒と号し、一種の幇間《ほうかん》となって制外に置かれ、政治に喙を容れる事は不可能ばかりでなく、士道を重んずる武士は、これと歯することを一大恥辱としていました。このような歴史をみますと、医師が侮辱され、上流社会に擯斥《ひんせき》させられたというのも偶然のことではありません。然るに、徳川幕府の末になり、外国との交通の道が開かれてから、豪《えら》い見識を持った人達が出てきまして、医学とはどういうものであるかということを知って、ようやく医学を学術的に討究する様になったのであります。

間もなく、明治維新になってから、政府でも従来のような愚かな仕方を止め、斯学《しがく》の奥義を研究すべき医科大学を起こしました。各地の大切なところに、医学校を創立して、大いに医学の発達を計られました。日を追って医学というものも重要な地位を占める様になったとはいえども、今日でもなお古えの迷想を捨て去らないで、医師とさえ言えば、腐敗、無腸漢《むちょうかん》、幇間の様に見做《みな》し、その考えを止めないものが少なくないのは、実に斯学のためには、遺憾に堪えぬ次第であります。」

次に、医師という職業が決して野鄙《やひ》な職業でないこと、むしろ尊い職業であることについて述べている。

「医師の地位は、学者としては医学博士となり、また大学教授となり、官吏としては勅任官として枢要《すうよう》の地位をも占め、例えば侍医局長、衛生局長、宮中顧問、官中央衛生会長と同じようなものであります。また軍人とすれば、中将相当官となるまでは出来ます。当花巻出身の仲舘軍医正は、中佐相当官の地位でありまして、なお昇進の望みが多くあります。

また、裁判医学者となっては裁判官を扶《たす》け、衛生家としては国政に参興《さんこう》し、民間の治療技術家としては、われらが疾病にかかった者を救護する任に当たるのであります。そうして、その報酬として受けるところが名誉であったり、地位であったり、金銭であったり、各自その望むところに従って、得られないことはありません。例えば、池田、石黒、橋本實吉諸氏が授爵の恩典を続けざまに受けたというのは、医者として国家に蓋《つく》した結果によるものであります。また、私があまり感心せぬことではあるが、今の世人がもっとも欲するところの金銭のことについて、一言述べますれば、我が国において年棒三千五百円ないし四千円、一ヶ月で三百五十円、一日十円ぐらい取って居られる者はあまりたくさんありませんが、医者にあっては実にたくさんあります。また、自身で病院を開いて居られる者は一ヶ年五万円も六万円も取って居られる者もたくさんあります。自身で開業して居られても、一ヶ年、五、六千円位の報酬を得る者は、屈指にいとまがない程であります。即ち、金の報酬を受ける点に至っては、他の業務に従事するものと大差ないというのは明らかなことであります。

その名誉は別に人爵《じんじゃく》を与えられないと雖《いえど》も、最も貴重なる人命に対して、多大な功績を與えて居る者はたくさんあります。例えば、今より百餘年前、英国のエドワルドゼンネルという人は、種痘法を発明して疱瘡《ほうそう》に罹《かか》る者を予防されました。その為に我々人類に與《あた》えた功績というものは計り知ることは出来ないのであります。」

次に、岩手の医療事情と私立岩手医学校の方針について述べている。

「これより、本県における医師のことについていささか述べますが、わが国一道一督三府四十県のうち、医師の数について調べてみれば、新開地の北海道と台湾は例外として、第一少数なのは青森県で、それに次いで少数で劣等なのは、わが岩手県であります。すなわち、日本で下から二番目の劣等の地位にあるのであります。故に、もしも我々同胞は、平時において、一朝、病に罹ったり、或いは外傷に罹った時は、他府県人に比べて非常に不便を感じるでしょう。

殊に、伝染病などを発生した場合においては、大変な障害と困厄《こんやく》を来たし、ここにおいて、多額な金を投じて、他県より医師を招聘しなければならない事態に陥るのであります。今後もこのままにして、医者がいない状態を放任していれば、いつ、いかなる災害を蒙《こうむ》るかもわかりません。昔から、私は医育の事につきましては、順序正しき階級を経て、進み行き、医師を養成するのが目的でありまして、別に三田医学奨励会というものを設けて、大学在学生を給費養成して居ります。また、私は高等専門学校生を補助養成しておりますが、わが国の今日の状態においては、医学生であっても、順序正しき階級を進み行く者のみを養成することは、実際に希望しても行われ難い状態になっておりますのは、誠に残念なことであります。

我々は微力ながら、思いもかけず、あえてこの片田舎で医師の養成に従事するのは、ひとつに本県の医事衛生における状態を黙視するには忍び難い点が多々あったことによります。まず、小より大に進み、近より遠に及ぼし、国家のため、否、本県のため、わずかでも蓋《つく》さんと思ったのであります。」

以下、私立岩手医学校への志願を促す演説で締め括られている。

「以上、述べてきたことから、医師教育の一介の医師が現時の状態を鑑みて、医学修業に特別多額の学資金を必要としないとした点は、諸君が本校の教育方針等の概要を知る一旦となりましょうが、内務省の試験を受け、相当の医師となって、わが県のため、否、国家のため蓋さ連と思われる諸君は、奮ってわが校に入り、学んでほしいと切に希望する所であります。

終りに、望んでなお、一言して置くことがあります。学校の資格によって卒業生の資格を云々いう者がありますが、学会においては、各自の能否で、すなわち研究の成果によって豪《えら》い人物になるのです。これは、実に容易しいことなのです。一例を言えば、本県出身の後藤新平氏のような、また荒木、佐多、浅川諸博士のような者たちは皆、僻遠の医学校出身者にして本郡医学会の大立物となっておられるのを見ても、なお明らかである故に、このような事に重きを置くに及ばないことであると信じます。

なお、入学手続や在学中の詳細の事については、清水、工藤両校長に親しく、申し上げておきますから、諸君はご自分の家に帰られて、ご父兄とご相談なさり、よくお考えくださるよう、希望するのであります。そして、入学期は、四月十日まではあるけれども、生徒満員にいたらない期間は、入学を許可します。相当学期に編入して教授いたしますから、いつでも入学希望の者は来て、学んでよろしいのであります。」

医者という職業への認識や地位は、特に貧しい岩手においては旧態依然とした状態が続いていた。それでも明治維新のときに取り入れた西洋文化や思想により、医学が学術的に捉えられると同時に医学の奥義を研究する医学校も周知されてくると、医者に対する考え方も時代とともに少しずつ変化していったことは、俊次郎が詳述する通りである。俊次郎は医者という職業の将来性を信じてほしい。岩手の医事衛生の立ち遅れを放っておくわけにはいかないから、医者を志して、ぜひ岩手の医療に貢献してほしいと熱弁を振うのであった。

「医師法」が制定され、私立岩手医学校は廃校へ

西洋式医療への新政府の方針は、病院、聾唖学校、盲学校、養老院、養幼院、精神病院等の専門的な医療施設とそれに付随する適切な教育機関の設置であった。俊次郎は医療の専門性や教育環境を整えることを企図し、時代をまたいで道筋をつけていくのである。病院、医学校、看護婦養成所、産婆学校などの創設、それに盲唖学校、保護院（釈放者の保護事業）、孤児院などへの運営協力、そのほか盛岡医学会の整備や医学奨励会設立に向けて、粉骨砕身、種々の医療、福祉および教育改革に取り組んで新時代の舵取りを行い、この先の昭和の始めまで走り続けるのである。

ところが、このように渾身の力を振り絞って私立岩手医学校を設置したにも関わらず、とんでもない方針が国から布達された。明治三九年（一九〇六）、「医師法」が制定され、医学校は文部大臣の指定する専門学校に昇格しなければ医師の免許が交付されないこととなった。

俊次郎に衝撃が走った。目の前が真っ暗になった。

「何てことじゃ。せっかく、医学校をつくったのに、廃止だと」

それにより同四五年（一九一二）、「医術開業試験制度」は廃止となり、まもなく私立岩手医学校は閉校へと導かれて行くのである。俊次郎は全身が震えるほど、悔しい思いをするのであった。

脆弱な財政は致命的であり、俊次郎はこの政策に対して極めて無念な思いを抱くが如何《いかん》ともし難かっ

た。医学専門学校への昇格は経済的にも、また人材確保においても、その頃の俊次郎にとってはハードルが高すぎた。医療施設を新設するなど無理であった。廃校の年に自分を導いてくれた自祐が亡くなったことも失意を増幅させた。熱意だけで医者づくりができるものではない。俊次郎にとっては、生涯最大の挫折を味わうこととなった。こうして私立岩手医学校は消滅するが、私立岩手病院の経営はそのまま継続されていった。

『菜根譚』を学び、心の支えとする

俊次郎は自宅に書生を多く住まわせ、勉学の指導のみならず生活上の躾《しつけ》まで厳しく管理していた。多くの学徒を育て上げるという人材育成術に関しては、卓越した手腕が発揮された。残された膨大な名刺や書簡類の量から、諸分野の人たちとの交流を通して、見事に事業の拡張と展開が図られていたことが理解される。

中国明代の儒者・洪自誠による語録風のエッセー『菜根譚』が日本に伝わったのは、江戸時代である。前集と後集の二巻よりなり、儒教の教えをもとに前集は処世術を説き、後集は山林自然の趣と隠棲閑居の楽しみが書かれている。洪自誠は人間を洞察する達人で、家族や友人、人材育成の方法や組織のなかでの動き方など、あらゆる局面からの行動様式を示しているので、生き方の秘訣が学べるものとなっている。著者の人生訓は俊次郎をも強く惹きつけたにちがいない。

三田の倉庫から見つけ出された埃だらけの和書『菜根譚』は、多くの古い医学書のなかにひっそりと隠されるように紛れ込んでいた。医学生の頃の教養書だったのかも知れない。時間の重みを感じさせる。俊次郎も時折、心の拠り所を探し求めていたのだろう。公私ともに忙しすぎるとき、傍《かたわ》らに『菜根譚』を置き、むしろ自身を振り返る時間をわずかでも見つけ出そうとしたのかも知れない。剛毅ななかに繊細さを感じさせる。市会議員に立候補して当選を果たし、政治の世界に飛び込んで指導的立場を獲得していく際にも、『菜根譚』は心の支えになった。

それぞれの父から「医師」と「武士」の精神を受け継ぐ

野菜の根は堅くて筋が多いが、これを噛みしめてこそ真の味わいが分かる。政治家や実業家のなかにも、『菜根譚』を愛読している人たちが少なくない。俊次郎はこの時点では政治家でも実業家でもない。単に医家である。俊次郎は次のように、医者としての心構えについて述べている。

『医は仁術なり』とも申されて居ます即ち医師本来の使命は犠牲的精神を発揮して社会人類を救済するといふにあらねばなりませぬ、而して現下の世相は洋の東西を通じて生活難のいよいよ深刻に成り行く事態に置かれてあります為めに社会政策としましても医家に於て無療或は施療機関の漸次益〻増設せらるる現況に置かれて居るのであります．故に現下修養の途にある諸子に於ても常に此事を念頭に刻みて修養に専念し斯くして博愛慈善に富ませらる〻上御一人の聖旨に副ひ奉ることは我々国民としての責務とも信じます（註：「上御一人」とは、天皇の尊称でカミゴイチニンと読む。原文の片

仮名書きを平仮名に改めた）

江戸時代の儒学者貝原益軒が広めたとされる「医ハ仁術ナリ」の仁は、柔和なる徳であって愛情に基づく真心や慈しみを意味する。医術を有する医者が弱い者としての患者に対するとき、仁である博愛の精神をもって扶《たす》けることが善行に繋がる。そしてまた弱者、劣者、あるいは敗者に対する仁は、特に武士に相応《ふさわ》しい徳として称揚されてきた。

義父自祐は医者を志す俊次郎に自らの行為を範として示し、「医は仁術なり」を俊次郎に教え込んだ。俊次郎は自祐から医術や精神教育のみならず、人格的感化を強く受けた。自祐の死去に際し、門下生より受けた弔辞の一節に、自祐の人となりを表す文言がある。貧しい病人には無料で治療を施し、また、病人の家が貧困であれば米や塩を買う金を恵んだ。

先生ハ時ニ施療救薬ニ意ヲ注ガレ且ツ病家ノ困窮ヲ見テハ間々米塩ノ費ヲ恵与シテ窮民ヲ救エリ。

（前掲：後藤英三著、六五頁）

また、蔵のなかの実父義魏の鎧や兜を見て、武士として活躍していた頃の父の弱者に向ける気高い精神と実践的な強さを、俊次郎は時折思い浮かべるのであった。俊次郎の「医士道」は、それぞれの父から「医師」として、あるいは「武士」としての精神を受け継いだものであった。

「困っている人はいねが。ただで診てやるじぇ」と、俊次郎はよく言った。医家は犠牲的精神を発揮して人々を救わねばならぬほど精神修養に専念することが大切であり、そうすることで最終的に天皇の御心《みこころ》に添うことになると説くのである。

6　後藤新平の衛生思想に啓発される

雑誌「岩手済生新報」の発行と、後藤新平の祝辞

俊次郎は三田眼科医院の院主、医学校、産婆学校、看護婦養成所の校長・所長でありながらも岩手病院の眼科部長の要職に就き、昼夜を問わない努力を払って岩手病院の運営をおこなっていた。それとともに、医学の進歩と発展のために医事衛生の雑誌「岩手済生新報」を、毎月一〇日と定めて発行を始めた。執務上の都合により発行所を自宅の住所にして、医事衛生の官令、医学界の新情報、医界消息、趣味、医師の就職仲介など、広範囲にわたる記事を収載した。

その「岩手済生新報」第二号（明治三四年五月一三日発行）に、のちに東京市長となる後藤新平が祝辞を寄せている。郷里を離れ、国政を担う一員として国際的に活躍する後藤が、台湾総督府民政長官在任中（明治三一～三九年）に寄せた祝辞の一部を次に掲載する。文面から、当誌の発行は学問の実用化を目指すとともに貧困なる岩手の医療環境の改善に繋がると喜び、遅れをとっている郷里の自治衛生に向けて一致団結して事にあたることを望むと記されている。戊辰戦争での屈辱感を、岩手を離れた後藤も味わっ

ていた。遠くから、郷里の発展の遅れを心配する向きが感じられる。特に欧州の先進的な衛生行政を見聞してきたから、岩手は未開地のように見えたに違いない。

凡そ医事衛生に関する学術の発達は社会上の基礎を形成するものなるが故に今回岩手済世新報発刊の挙あるが如きは洵《まこと》に今日の時運に適応せるものなり顧ふに社会文化の速度は駸々《しんしん》乎として常に息むときなし然るに我東北が此進運に後るゝや既に遠しとなるの時に當りて前途有望なる之好雑誌を得たること恰《あたか》も一条の光明を天の一方を望むの感あらしむるなり而して余は此時機に於て普《あまね》く亦東北の人士に寄語せんと欲するもの阿り何ぞや由来亦東北人士は一致結合して成効と期なるの素質を快く故に今日の不遇なる時運を挽回せんと欲せば須《すべか》らく協同一致に事に当るの力を養成せざる可らざるは素より余の言を俟たると雖《いえど》も更に諸君に対つて望む処のものは善く社会文運の基礎となるべき学術の実用を期なることの最要急務なることを覚悟せられんこと是れなり（略）

後藤新平の「健康警察医官を設けるべきことの建言」

後藤新平は安政四年（一八五七）、水沢藩（註：仙台藩の一門）の藩医の家に生まれ、一七歳で須賀川医学校に進学し、優秀な成績で卒業している。その後、愛知病院・愛知県医学校にて医師として着任した。明治一一年（一八七八）、後藤新平が二一歳のとき、当時の愛知県知事に建白書を提出した。後藤は上役に、自身の意見をよく進言することでも知られていた。同時期に御雇い外国人として医学校にやってきたオーストリア人教師、ローレッツ博士の衛生思想の影響を受けて、個人を対象とした医学を超えて、社会全体の〈衛生〉について意見を申し立てたのである。

およそ人の世に在って、衛生の道は少しでも離れてはならないものである。衛生とは何であるか。人が天寿を全うし、内外の病毒によってこの生を傷害されないようにすることをいう。そうであればこそ、病院建築の美麗とか、治療患者が集まるとか、院校舎医員や衛生官吏が多数いるとか、支病院の増加千百にいたるとかも、結局は枝葉の瑣事《さじ》にすぎず、喜ぶほどのものではない。各自が病毒を未発のうちに取除き、原因をほとんどなくし、病気自体に感染して医治の恐れをなくすまでにいたって、はじめて衛生のくわだては、美を尽し、又善を尽くしたというものである。

（「健康警察医官を設けるべきことの建言」冒頭）。（鶴見祐輔著『〈決定版〉正伝・後藤新平』三三四頁）

社会全体としての環境衛生を学ぶことにより、衛生学を基とする医学のあり方について述べている。ここに、未然に国民の病気の流行を防ぐという概念を見ることができる。政治家であり医者でもある後藤は、人の生命維持と健康保持を国家の任務とし、公共の中心に据える方策を採るべきと主張するのである。この建白書は愛知県庁だけでなく、内務省も動かすことになるのである。

暴漢に襲われ負傷した板垣退助の手当てをする

後藤はこののち、二四歳で学校長兼病院長という異例の人事がなされるのであった。そして翌年、明治一五年、板垣退助が岐阜での遊説中に暴漢に襲われ負傷したとき、板垣の手当てをしたことは有名である。後藤は板垣を治療しながら言った。

「御本望でしょう」

そのとき、板垣は後藤が政治家でないことを残念がり、

「医者にしておくのは惜しい」

と言ったと伝えられている。同年、愛知県医学校での手腕が軍医石黒忠悳《ただのり》に認められて、後藤は内務省衛生局に入り、医者としてよりも官僚として病院・衛生に関する行政指導に携わるようになった。そののち、学歴のコンプレックスを払拭するためと言われているが、私費によりドイツのミュンヘン大学への留学を果たしている。衛生行政や社会政策を学び、帰国後は長与専斎の推薦により明治二五年（一八九二）、内務省衛生局長に就任し、医事衛生を導いた。

台湾総督府の民政長官となり、新渡戸稲造を台湾総督府技師として呼ぶ

明治二七年（一八九四）から同二八年（一八九五）にかけて勃発した日清戦争は、日本の勝利となり、下関条約において台湾は日本の統治下に置かれることとなった。日本政府は台湾総督府を置いたが、戦後の開発の立ち遅れから、後に日露戦争で活躍する児玉源太郎（長州藩）を第四代の総督として任命した。

児玉は衛生行政に手腕を発揮していた後藤新平を民政長官に指名して、圧政的な植民地統治を行った。当時の台湾は伝染病の脅威にさらされていて、衛生環境も劣悪であったことから、同三一年（一八九八）、日本政府は台湾総督府医院官制を布達して植民地医療政策を開始した。同二八年（一八九五）に設置した大日本台湾医院を、同三二年（一八九九）には「台湾総督府台北医院」と改称し、既設の医学講習所も医学校に昇格させた。

後藤は都市づくりにあたって、縦貫鉄道建設、港湾開発、水力発電所の建設などを進めると同時に公共衛生の改善策として上下水道の整備を行った。さらに、児玉の後押しもあって同郷の新渡戸稲造を台湾総督府技師として呼び寄せて、台湾農業の推進を図ることにした。

その頃、新渡戸は病気療養中であり、回復後は札幌農学校の教授として赴任するつもりでいたが、後藤の懇請により台湾行きを決意した。

「士は己を知る者のために死す」

言い換えれば、「男子たるもの自分の真価を認めてくれる人のためには命を投げ出してでも応えるものである」（『史記』）と親友宮部金吾（植物学者）に言い残して、新渡戸は日本を離れた。武士の生き方に倣《なら》い、新渡戸なりの表現で伝えたのである。

台湾での新渡戸稲造の活躍

台湾での新渡戸稲造は産業としての農業の発展に力を尽くしながら、農業とは何かを究めていた。農学と医学は類似するものであり、作物栽培法は「衛生学」に、作物病理学は人体の「病理学」に、肥料学は「薬学」に、土地の鑑定法は「診断学」に、そのほか、これに準じて農学研究の過程は医学研究に役立つところ多くある、というのが新渡戸の見解である。

医師でもある後藤新平と接触することで、医学と農学の比較を行い、医学へのアプローチを試みた。産業としてのサトウキビの品種改良、栽培法や製造法など製糖業の基盤作りの過程で導き出された。やがて、台湾における製糖会社は次々と起ち上げられていくのである。

農学と医学は共に人体に直接的に作用するもので、一つは健康の維持に関わり、一つは健康の回復を旨とするもので、すなわち食を供するは病まないためであり、薬を施すのは患いを取り去るためと新渡戸は説明する（新渡戸稲造著『新渡戸稲造全集第二巻』七〇頁）。後藤の衛生思想と新渡戸の農業思想は、台湾社会の医事衛生と豊かな社会を目指す環境改善に多大なる貢献が果たされるのである。

医家である俊次郎と農産家である義正も、岩手の貧困からくる医事環境を改善するという衛生思想や、貧弱な食生活を改善することなどの農業政策が、都市の基盤を整備するうえでは重要なことと認識していたのは、政府の進むべき方向性を的確に捉えていたからである。

俊次郎と衛生行政との関わり

このように俊次郎は後藤新平の衛生思想に啓発され、医療行政に深い関わりを持つようになるのであるが、ここで、その原点とも言うべき幕末日本の衛生事情と、俊次郎の体験を辿る。

幕末の開港以来、日本は不安定な政情に加えて驚異的な疫病にも立ち向かわなければならなかった。最初に日本にコレラが上陸したのは文政五年（一八二二）のことで、対馬から入り箱根の関所を超えることはなかった。しかし、第二次の流行は安政五年（一八五八）、米艦ミシシッピー号の水夫によりもたらされたもので、長崎から江戸市中、さらには東北地方にまで惨状は拡がった。

明治期における全国のコレラによる死亡者数を見ると、明治一〇年（一八七七）には八、〇〇〇人、同一二年（一八七九）には一〇五、〇〇〇人、同一五年（一八八二）には三三、〇〇〇人、同一九年（一八八六）には一〇八、〇〇〇人という数字を挙げることができる。

明治一五年（一八八二）八月、岩手県南閉伊郡釜石村に発生したコレラは、多くの犠牲者を出した。釜石鉱山局へ石炭輸送のために来航した水夫から感染したものである。この水夫の死因をコレラと認定せずに普通の病死として取り扱ったことで、感染は瞬く間に拡がった。全村の人口四、七〇〇人中、患者五〇〇人、死亡者一〇四人であった（岩手県教育委員会『岩手近代教育史第一巻』）。

人々は慄《おのの》き、県立岩手医学校の教員も検疫医員として現地に赴いたが市街地には人影もなく、ただ死体が六〇体、海岸に積み上げられていて、まるで地獄絵図のようであったという。俊次郎が岩手医学校在学中のことである。検疫委員となった教師の被災地出張により医学校の授業に支障が出て、この年、卒業生を送り出すことができなかったが、この経験は医学校の教員や生徒に身の毛もよだつような恐怖を与え、伝染病の防疫に対する認識を強く高めるものとなった。

明治二三年（一八九〇）にもまた、長崎にてコレラが発症して、県内でも「岩手私立衛生会」から予防

長崎縣に發したる虎列刺病は其勢劇しく追々他の地方に蔓延し近頃は東京横濱にも傳りたれは此際銘々豫防の注意肝要なるへし依て今般大日本私立衞生會にて發行したる通俗豫防心得書は其文簡易にして能く豫防の要旨を盡せるか以て同會の承諾を得て玆に之を掲く

明治二十三年八月

岩手私立衞生會

虎《こ》列《れ》刺《ら》病《べう》豫《よ》防《け》の心得《こゝろえ》

一 虎《こ》列《れ》刺《ら》病《べう》は飲《のみ》水《みづ》より來《く》ると多《おほ》きか故《ゆゑ》に能《よ》く氣《き》を附《つ》け生《なま》水《みづ》を飲《の》まさる樣《やう》になすへし横《よこ》濱《はま》函《はこ》館《だて》の如《ごと》き完全《じゆうぶん》なる水《すい》道《だう》の水《みづ》にても久《ひさ》しく汲《くみ》置《お》きしものは飲《の》む可らす

一 食事《しよくじ》は平生《へいぜい》食《た》へ馴《な》れたるものを三度《さんぜ》乃時間《じかん》を違《たが》へす適宜《ほどよ》く用《もち》ひ平生《へいぜい》にても腹下《はらくだ》しを起《おこ》し易《やす》きもの少し腐かゝりしもの乃は用《もち》ゐへからす

一 總《すべ》て生物《なまもの》は成《な》るへく食《た》へぬ樣《やう》にすへし水《みづ》其《その》外《ほか》一旦《いちど》煮《に》立《た》てたるものは安心《あんしん》して用《もち》ゐるを得《う》へし

一 酒《さけ》は常《つね》に好《この》める者《もの》の適度《ほどよ》く用《もち》ゆるハ害《さわり》なきも燒酎《せうちう》など強《つよ》き酒《さけ》はあしゝ又下戸《げこ》の虎《こ》列《れ》刺《ら》除《よけ》なとゝ唱《とな》へて用《もち》ゐるもあしゝ

一 身体《からだ》ハ度々《たびたび》沐《ゆ》浴《あみ》して清潔《きれい》になし風《かぜ》引《ひ》かぬ樣《やう》取《と》分《わ》け寢《ね》冷《ひへ》せぬ樣《やう》氣《き》を附《つ》くへし戸障子《としやうじ》を開《あ》け腹部を出《いだ》して眠《ねむ》る等《とう》の事《こと》あるへからす

一 家《いへ》の內外《うちそと》芥溜《ごみため》臺所《だいどころ》流《なが》し等《とう》は毎日《まいにち》掃除《さうぢ》し常《つね》に不潔《きたな》き所《ところ》には石灰《いしばい》を撒《ま》き置《お》くへし

一 腹《はら》下《くだ》りするか又《また》は嘔氣《はきけ》ある時《とき》は早《はや》く醫《い》師《しや》に見《み》せるへし暑中《あつきあた》り又食中《しよくあた》りにても療治《れうぢ》の手《て》後《おく》れとなるときは虎《こ》列《れ》刺《ら》病《べう》となることもありと知《し》るへし

▲『虎列刺病予防の心得(岩手私立衛生会)』(三田家所蔵)

注意が喚起された。医事衛生が整わないなかで即時対応できるのは、このような啓発活動であった。明治政府による富国強兵・殖産興業策も、衛生環境の悪いなかで過重な労働を国民に強いたため、明治二〇年代には全国的規模で結核も蔓延した。明治期にはコレラ、赤痢、ライ病、結核、天然痘、チフスなどの感染症対策が医療の中心となったのである。

前にも述べたが、俊次郎は東京の帝国大学医科大学から戻り、診療所を開業した翌年、明治二五年(一八九二)に岩手私立衛生会の評議員となって衛生行政に関与するようになった。当時、岩手私立衛生会は県衛生行政の諮問に応じ、その実施について県に協力して人々の医事衛生を監視する立場をとっていた。俊次郎は岩手の医事衛生を改善したく、積極的に関わっていったのである。予断なく、感染症対策に取り組む気合いと態勢はできていたと言える。

そうした体験を経ていたが故に、後藤新平の衛生思想に共感したのである。

７　義正とともに原敬の選挙支援に加勢する

健次郎（原敬）の母リツの教え

岩手郡本宮村（現、盛岡市本宮）の上級武士の家柄に、安政三年（一八五六）に生まれた健次郎（原敬）は、多感な時期に盛岡藩の家老楢山佐渡の処刑に遭遇した。明治三年、健次郎は藩校作人舘に入学したが、そこには教師たちの明治新政府への屈辱の思いが蔓延していた。入学生は学問を身に付けて、その悔しさを晴らすよう教え込まれることで反骨の精神が養われた。

母リツは、父親を早くに亡くした健次郎を、女手一つで育てることで世間に迷惑をかけないようにと厳しく躾け、家の〈名誉〉を保つことを教えた。このことは男子の心を生涯にわたって専有し続けることになる。

新渡戸稲造は「名誉」について、それは青年が富や知識よりも追い求めるものであり、そのためには如何なる身体的あるいは精神的苦痛にも耐えなければならないとして、健次郎（原敬）の母リツが我が子に向けた言葉を元に、次のように記している。

多くの少年は父の家の敷居を超えるとき、世に出でて名を成すにあらざれば再び之を跨《また》がじと心に誓った。而して多くの功名心ある母は、彼等の子が錦を衣て故郷に還るにあらざれば再び之を見るを拒んだ。（新渡戸稲造著『新渡戸稲造全集第一巻』七四頁）

右の文言は、功を成し遂げて故郷に帰らなければ母の方が会うことを拒んだと、当時の武士（士族）の家の思潮に触れ、名誉に繋がる〈功名心〉というのが、いかに武士階級にとってデリケートな言葉であったかを示している。名誉は場合によっては生命に優《まさ》ると考えられた。

原敬、第七回衆議院議員選挙（明治三三年）で、盛岡市選挙区から出馬

原敬は明治五年（一八七二）、上京して利恭公が設置した共慣義塾に入学するが、数ヵ月で退学、後にカトリック神学校に入学して、翌年一七歳で洗礼を受ける。維新後、西洋文化を取り入れる流れでキリスト教に拠り所を求め、洗礼を受けた士族も現れていて、原敬もその一人であろうと思われるが、苦学の身であったから洗礼を学費に変えたとも言われている。明治九年（一八七六）には、司法省法学校を受験して合格する。その後、外務省に入り、パリ駐在となる。日清戦争後の明治二八年（一八九五）、外務次官になり、翌年には朝鮮駐在公使となるが外務省を辞め、その後、大阪毎日新聞社に入社し、明治三一年（一八九八）、社長に就任する。

明治三三年（一九〇〇）、伊藤博文が立憲政友会を組織すると、これに入党して幹事長となる。このあと同三五年（一九〇二）、第七回衆議院議員選挙で盛岡市選挙区から出馬する。立候補者の一人、清岡等は盛岡市長として七年間その座にあり、盛岡の資産家が支持していた。一方、原は伊藤内閣の逓信大臣として中央で活躍し、盛岡では新興財閥の小野慶蔵らが支援していた。原と清岡等との一騎打ちである。

同年四月二七日、原より俊次郎宛に選挙協力依頼の手紙が届き、義正と俊次郎は原についた。清岡六分、原四分の世評であり、原にとっては形勢不利にみえた選挙戦であったが、八月一〇日の選挙では投票総数二七二票のうち、原一七五票、清岡九五票となり、大差で初当選を果たした。こうして原は中央の政界へ進出することとなった。

繁昌する「三田火薬鉄砲店」と経営方針を転換する「三田牧場」

義正と俊次郎が原敬の選挙支援に加勢した明治三五年（一九〇二）、全幅の信頼が寄せられた五九歳のキヨは「三田火薬銃砲店」第一号支店の経営監督に向けて盛岡を発った。明治二四年には東京─青森間には鉄道が全通し、すでに明治一〇年代には青森─函館間には汽船が就航していたので、キヨは汽車と汽船を乗り継ぎ函館に到達した。函館は、幕末の開港を契機に著しい発展を遂げ、明治三〇年代までには北海道最大の港町として都会的な繁栄ぶりを見せていた。キヨは店員教育や事業の裏方に精を出し、経営全般を監督するのであった。その前年、三田商店は東京日本橋堀江町に東京本部を開設し、義正の名声は時勢にもキヨにも助けられて、次第に高まっていった。

同年、義正は時流にのった火薬事業のほか、明治三〇年代には北海道の産業構造が水産業から農業に移行していくなかで、岩内郡共和町小沢の土地を国から借り受けて「三田牧場」を開設した。やがて三田牧場は優良軍馬を生産するまでになった。

しかし、欧米に比して日本の軍馬は貧弱なことに鑑みて、国策として軍馬に改良が加えられる取り組みがなされ始めた時期でもあったが、牧場では伝染病の問題や熊の襲来、さらには厳しい自然環境による不運が続いたことで、経営がうまくいかなくなった。

そこで、この事業の問題点について、義正の学農社農学校の師であり、かつて北海道開拓使としての経験がある津田仙にその見解を求めたところ、畜牛の方に事業を転換するよう勧められた。これが後世の三田本家による牧畜事業の発端とされている。

第八回衆議院議員選挙（明治三六年）の応援を依頼される

明治三六年（一九〇三）一月八日、俊次郎に原敬から再び手紙が届いた。先月一二月二八日に衆議院が解散されると、翌日、原は俊次郎宛に前回の選挙協力の御礼とともに、来たる三月に実施される第八回衆議院議員総選挙に向けて再び協力を願いたいと、代筆による手紙を綴ったのだ（次頁参照）。

同年一月二三日の『原敬日記』に、次の衆議員議員選挙に再び立候補しようとした清岡等を、俊次郎、梅内直曹、宮杜孝一が断念させることに尽力してくれたという記述が見られる。原敬の遠くないところに俊次郎の存在があり、俊次郎の支援を引き続き願う様子が伺える。

後述するが原敬の手紙を受け取る四ヵ月前の明治三五年（一九〇二）九月一二日、俊次郎は妻リサを亡

拝啓寒威日々相加り
候處尽御壮栄尓賀候
先般御尽力之結果
當選之栄ヲ得尓来
季幾月ヲ経ザルニ図ラ
ズモ議会政府ト衝突
シ解散ニ相成国家ノ
為メ初志ヲ貫徹致候
ニハ再ヒ選挙場ニ争
ハザルヲ得サル次第ニ相成候
事情特ニ御諒察相仰
度就テハ重子テ御配慮
ヲ煩ハシ再ヒ當選の栄
ヲ得候様偏ニ御尽力
御依頼仕候右尓急キ
得貴意候匆々敬具

十二月二十九日　原　敬

三田俊次郎殿

（封筒表）宛　名　三田俊次郎　親展
（明治三十六年一月八日盛岡消印）
（封筒裏）差出人　原　敬
東京芝公園七ノ四

くし、悲嘆にくれながらも、多忙のなかで前途を見つめ、新たな一歩を踏みだそうとしていた。

原敬は選挙の地盤が盛岡であったことから、よく里帰りをしていた。政治上の理由だけではなく、『南部藩史』編纂や南部家諸事の相談に関わっていたからである。翌三六年一〇月、南部利恭が亡くなると

▲「大慈寺山門前にて」(原敬記念館所蔵)／中央が原敬、右端が三田義正

原は南部家から顧問として任命される。郷里盛岡との強力な繋がりは、南部家からの絶大なる信頼によるものでもあった。

8 リサ、結核により死去する

療養中のリサからの手紙

さて、俊次郎がリサを娶《めと》ってから一五年の歳月が流れた明治三五年のことである。姑キヨから お墨付きをもらうほどのリサが、東京に出向いている俊次郎に書き送った手紙（明治三五年四月の消印）が残されている。この頃リサは重い肺結核を患い、敷地内の離れで療養中であった。

手紙は「取り急ぎ一筆申し上げ参らせ候」で始まり、三戸町の母が見舞いにきてくれたことや、身辺の出来事がこまやかな配慮と丁寧な筆致で書き綴られている。

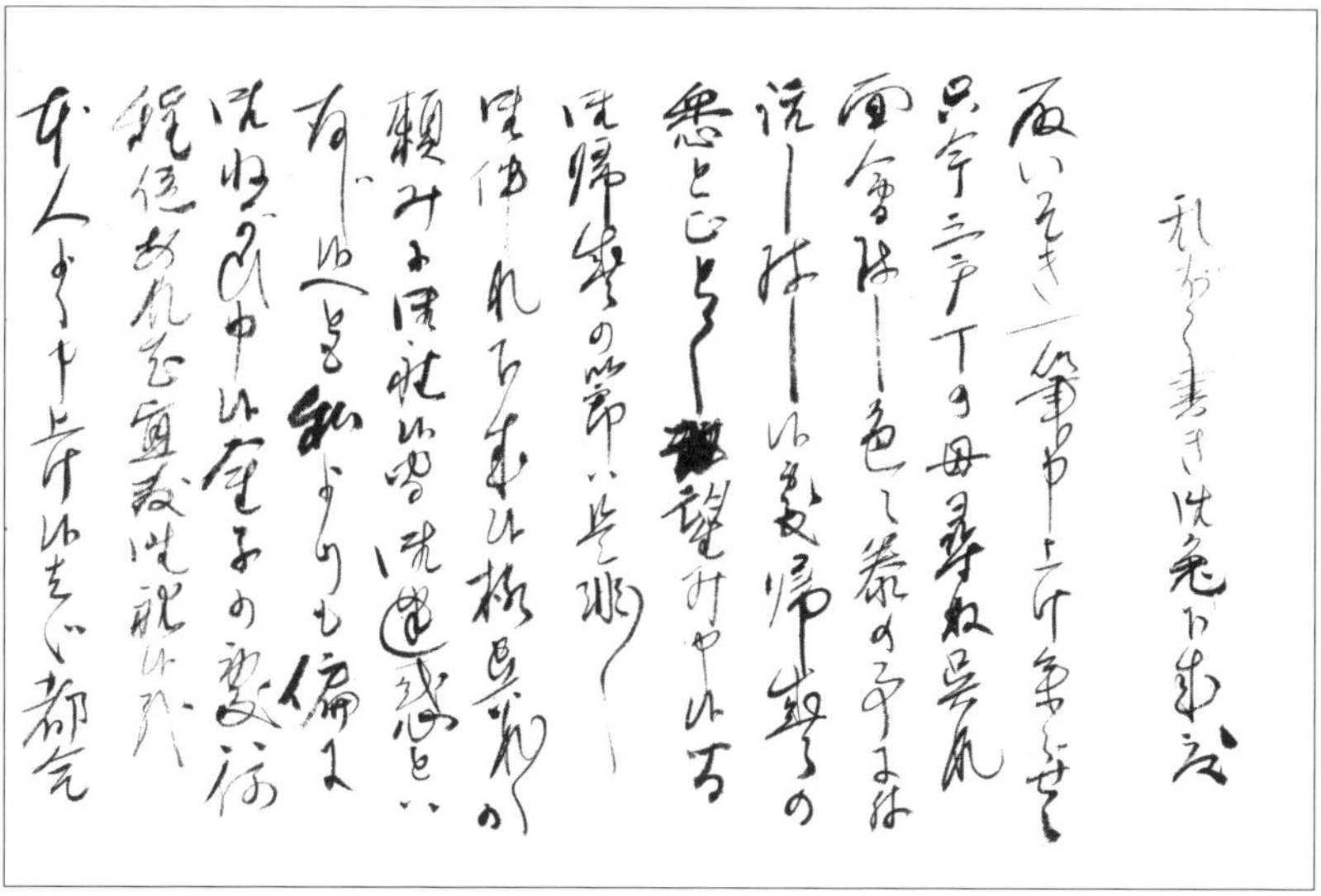

おぼえ書き御免下成度

取いそき一筆申上け参らせ候
只今三戸丁の母尋ね呉れ
面會致し候色〻泰の事に付
話し致し候處帰盛の
悪と正とて望み申候間
御帰盛の節ハ是非〳〵
御件被下成候様呉れ〳〵の
頼みに御座候間御迷惑とハ
存じ候へとも私よりも偏に
御ねがひ申候金子の處ハ何
程位あれは宜敷御座候哉
本人より申上け候はゞ都合

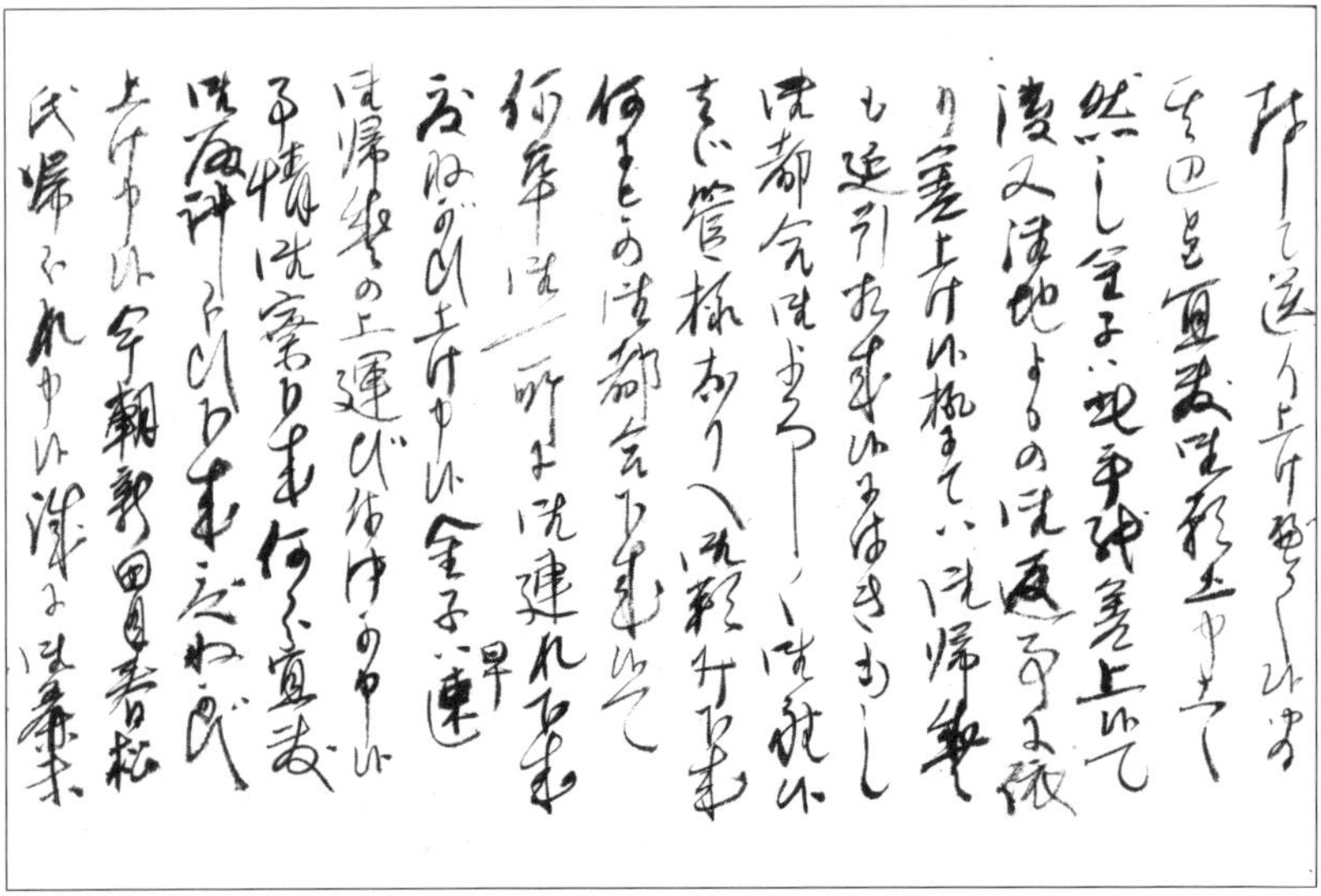

致して送り上けべく候間
其辺とも宜敷御願上申上候
然し金子ハ此手紙差上候て
後又御地よりの御返事に依
り差上け候様にてハ御帰盛
も延引相成候に付きもし
御都合御よろしく御座候
はゞ管様なりへ御頼み下成
何にとか御都合下成候て
何卒御一所に御連れ下成
度ねがひ上げ申候金子ハ早速
御帰盛の上運び付け可申候
事情御察下成何より宜敷
御取計らひ下成度ねがひ
上け申候今朝新田目春松
氏帰られ申候誠に御麁《ママ》末

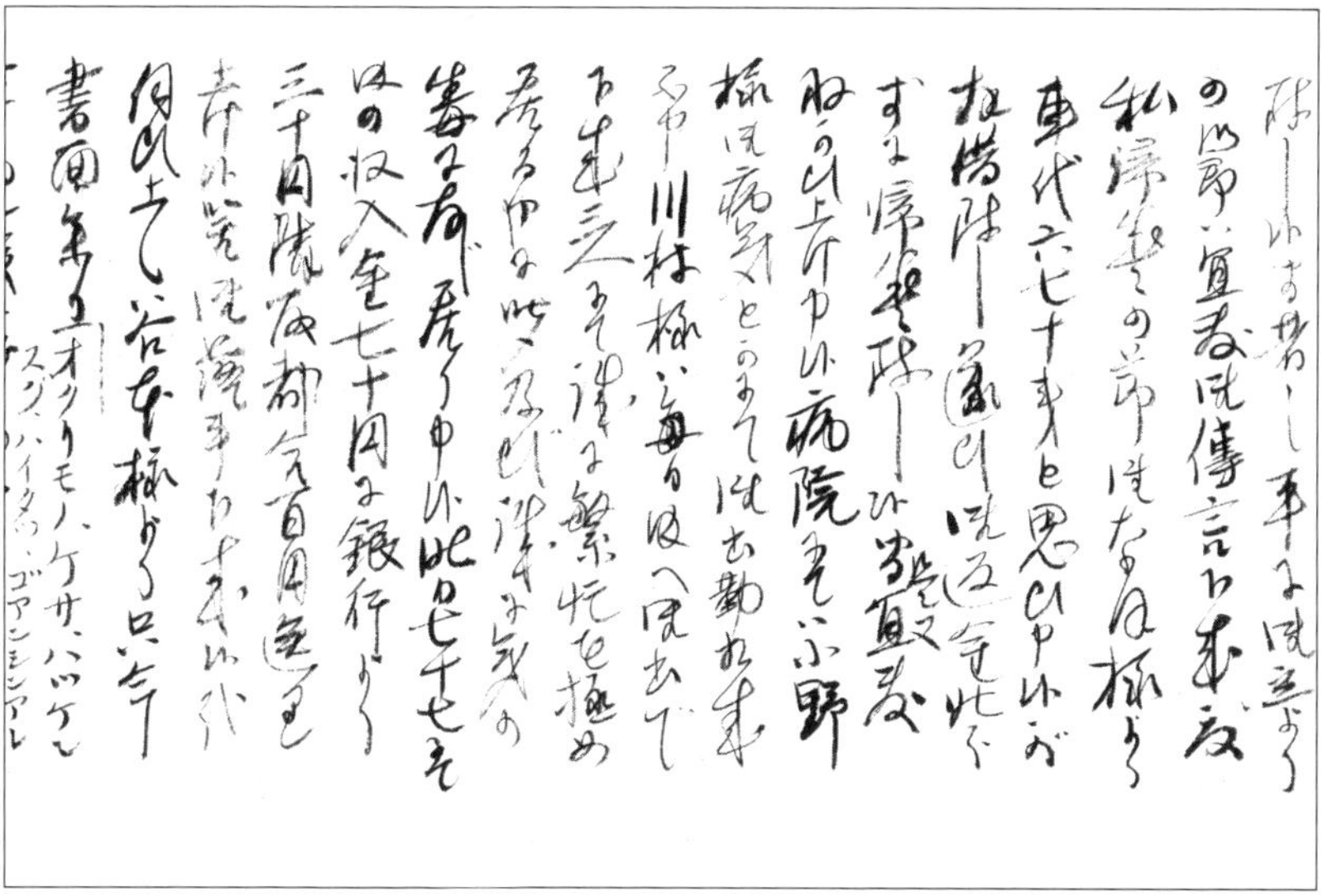

致し候間昔し車に御立より
の節ハ宜敷御傳言下成度
私帰盛の節御なほ様より
車代六七十銭と思ひ申候が
拝借致し遂ひ御返金罷ら
ずに帰盛致し候間是又宜敷
ねかひ上け申候病院にてハ小野
様御病気とかにて御出勤相成
不申川村様ハ毎日内へ御出で
下成三人にて誠に繁忙を極め
居る也に聞及び誠に気の
毒に存じ居り申候此日七十七にて
内の収入金七十円に銀行より
三十円請取都合百円送金
上け候覚御落手下成候哉
伺ひ十一日谷本様より只今
書面来り「オクリモノ、ケサ、ハッケン、
スグ、ハイタツ、ゴアンシンアレ」

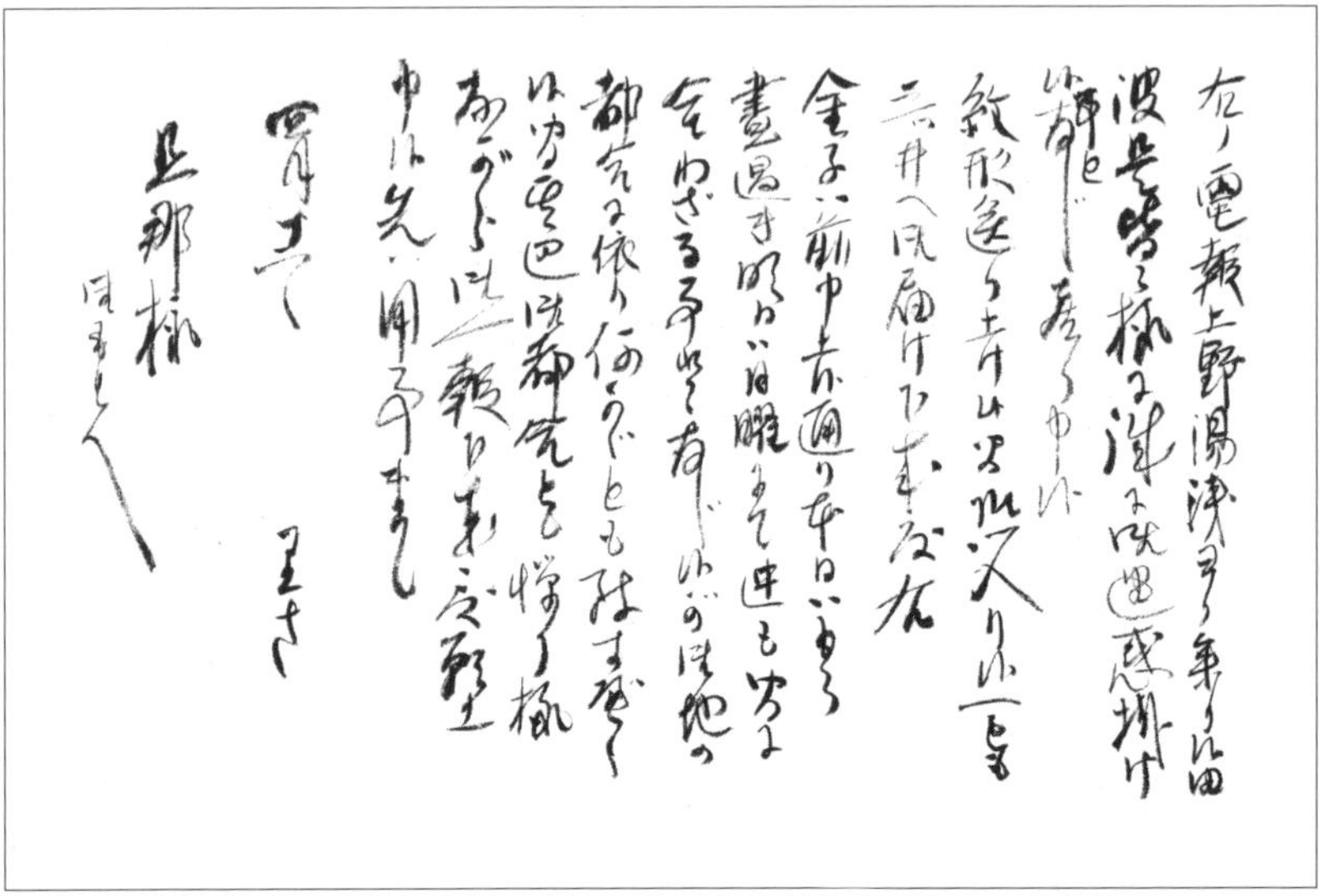

右ノ電報上野湯浅ヨリ来り候田
波是皆々様に誠に御迷惑掛け
候事と存じ居り申候
紋形送り上げ候間恐入り候へとも
三ッ井へ御届け下成度右
金子ハ前申上候通り本日ハもう
昼過ぎ明日ハ月曜にて迚も間に
合わざる事と存じ候が御地の
都合に依り何かがとも致すべく
候間其辺御都合とも慴り様
ながら御一報下成度願上
申候先ハ用事まで
四月十二日　　　里さ
旦那様　御もとへ

［封筒　表面］
東京日本橋区数寄屋丁十七番地　浅野かつ方
三田　俊次郎　様
至急用

リサの願いは「定則を養嫡子として迎えたい」

病院と医学校を作りたいという俊次郎の意思は、生活の厳しさを顔に出さないリサの助けにより聊《いささ》かも途切れることはなかった。俊次郎が東京に出掛けているあいだの金銭の工面について、あるいは留守中の病院の様子などは特に細かく、リサは俊次郎に報告している。そのような嫁の姿に、厳格ななかにも慈愛の気持ちを併せもつ姑キヨは、「賢い女、良き妻」と常にリサを褒めるのであった。

俊次郎にとって妻リサの支えは大きく、安心して事業に打ち込める態勢が整えられてきたが、そのようなリサの身体はいつしか結核という恐ろしい病に侵されていた。俊次郎は自宅裏庭のヒバの樹のそばに、手厚い看護ができるようにと小さな離れを建てて万全を尽くした。リサの実弟で医師の寅三も誤診の場合もあるからと手紙を書き送り、励まし続けた。だが、約二カ年、リサを隔離し療養させたが、明治三五年（一九〇二）、悲しい別れが訪れた。

子どもに恵まれなかった俊次郎夫婦は、後に養子として迎えることとなる旧藩士関定昌の三男定則の際立った学才とその人柄に早い時期から注目していた。リサは、最期の願いとして定則を養嫡子として迎えることを切望し、その思いを俊次郎と定則に伝えた。リサは俊次郎が念願することを自身の意向として伝えるほど忠直な妻であった。当時、東京帝国大学医学部を卒業して同大学の助手として勤務していた二五歳の定則は、病床のリサの願いを受け入れたのである。

俊次郎の懸命な治療や母キヨ、実兄直道の励ましも空しかった。特にキヨは、三田火薬銃砲店の函館支店において、その事業に携わっていたことから、やるせない気持ちを遠方から手紙にしたためてリサと俊次郎を見舞っていた。

リサの最期

秋風が立つ日、リサの頬に一筋の涙が流れ、息は絶えた。三五歳の若さであった。そのとき俊次郎は拳を堅く握り占め、肩を震わせた。

「リサ……、疲れたか。ゆっくり休んでくれろ」

俊次郎、三九歳のときのことである。すぐに函館支店に出向いている兄義正に電報を打った。

リサイマシスキテクレロ

函館会所町　三田義正　様

新聞には親戚代表として三田義正と三浦直道の連名で、リサの死亡が通知された。

三田俊次郎妻リサ子儀兼テ病気之処養生不相叶本日午前第十一時死去仕候間生前御厚誼ヲ辱クシタル各位ニ為御知申上候

明治三十五年九月十二日

追テ来ル十四日午後正一時佛式ヲ以テ北山報恩寺埋葬仕候
親戚　三田義正
三浦直道

報恩寺は楢山佐渡が処刑されたところであり、父義魏の思いを受けて義正は、佐渡を弔うために自分が死んだら報恩寺に葬ってほしいと俊次郎に伝えていた。だが、三田家の菩提寺は九昌寺であり、長男の義正にはやはり、それはできることではない。

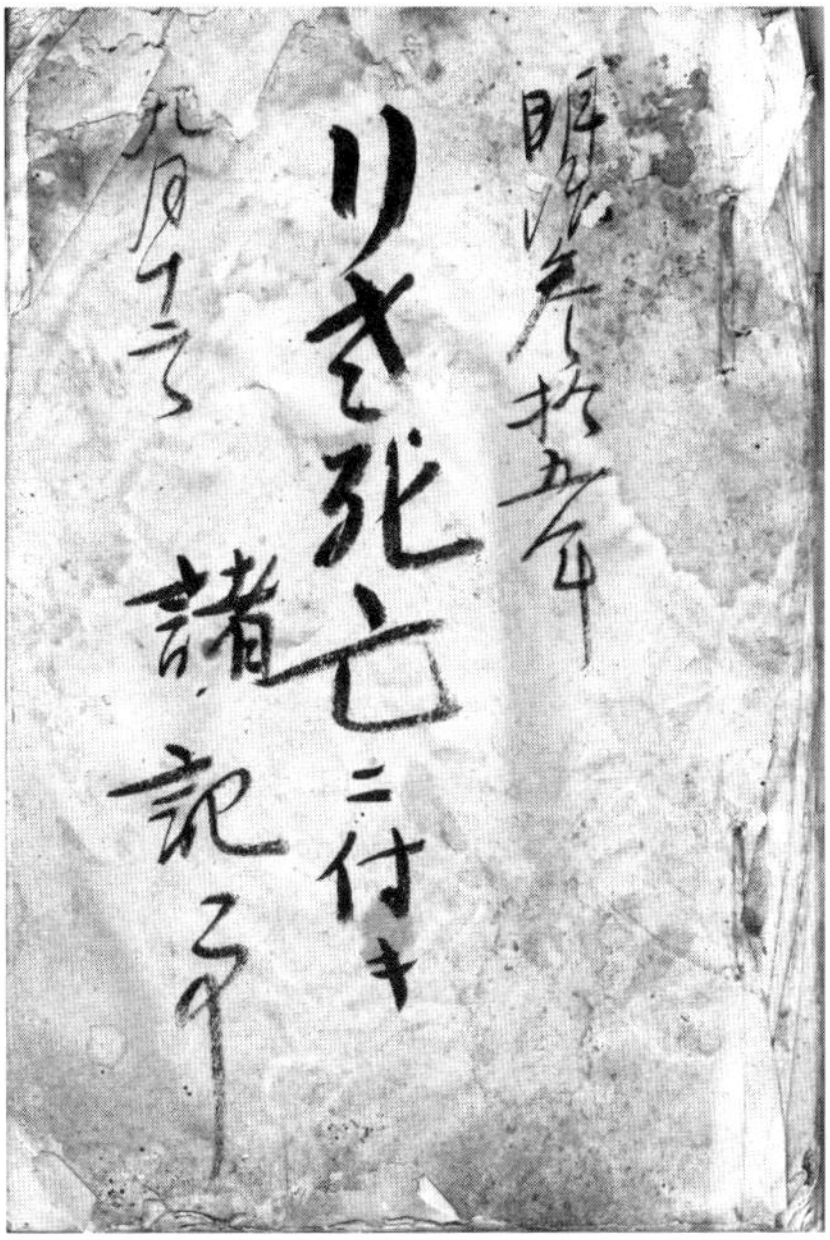

▲三田家所蔵「リサ死亡ニ付キ」

一方、分家となる俊次郎は父の思いに添いたい気持ちが強かった。そこで俊次郎は、報恩寺に墓所を定めて自身の家族をそこに埋葬することにした。傍らには幼くして亡くなった千代（一歳八ヵ月）の墓が、すでにあった。長女千代の死がリサに与えた衝撃も大きく、そこからリサは立ち直ることができなかったのである。

献身的なリサの姿を伝える「岩手済生新報」の記事

三田夫人遠逝

三田俊次郎氏夫人リサ子は久しく肺患にて療養中なりしが薬石効せず遂に本月十二日三十五歳を一期として遠逝せられたり三田氏の夙《つと》に医学奨励会を起し許多《あまた》の資金を投し数多の医学生を養成し仙台、東京、京都等の専門学校医科大学等に留学せしめ斯界《しかい》の為め尽力しあるは世人の知る処なるか同氏は眼科医院取扱の外公職の業務多端《たたん》にして家政を顧みる暇なきも夫人リサ子は能く家政を整理し医学奨励会の如きは専《もっぱ》ら夫人の手にて監理し学生の愛育に余念なかりしも一朝肺患に罹《かか》り天逝せられしは誠に惜むへきことなり

「岩手済生新報」第一六号（明治三五年九月二〇日発行）には、妻リサが公職で留守がちな俊次郎に献身的に仕え、家庭を守っていたことが分かる記事が掲載された。俊次郎にとっては原敬の政界進出を支援していたときで、少し落ち着いたあたりでの悲しい出来事となってしまった。

私立岩手病院における肺結核による死亡患者数は明治三三年一二人、同三四年一一人、同三五年は一五人であった。俊次郎は昭和六年（一九三一）、さまざま手がけた事業のひとつとして、結核患者のために「岩手サナトリウム」を盛岡市郊外に開設した。当時、結核は恐ろしい病いであった。リサが療養した自宅裏庭の離れはいつしか取り壊され、その思い出は〈美人薄命〉として語り継がれている。

９　教師の小泉テルを後添えに迎える

定則がテルとの結婚を取り持つ

リサが亡くなってからの俊次郎は、失意を抱きながらも公私ともに多忙を極める日々が相変わらず続いていた。そのようななか、四ヵ月後の明治三六年一月二六日、後妻として小泉テルを迎えることとなる。原敬から同年三月に実施される第八回衆議院議員総選挙に向けての選挙支援の手紙が届いて、二週間が過ぎた時であった。

明治七年、日本は身分を取り払った服忌《ぶっき》制度が導入され、実父母死去の場合は五〇日間の忌中で一三ヵ月の喪中、そして妻の死去の場合は二〇日間の忌中で九〇日の喪中と定められていた。俊次郎の再婚について先妻リサの死去から四ヵ月が経過していたから、常識の範囲内であった。岩手病院や岩手医学校の経営、市会議員の仕事、それに三田眼科医院の診療に忙殺される毎日が続き、家のことや自身の身辺に世話をやいてくれる人が必要だった。というより、周囲が気にかけていたのである。

小泉テル三一歳のとき、俊次郎と結婚することになるわけだが、この結婚の実質的な取り持ちは実は関定則であった。このとき、定則はまだ、俊次郎との間で養子縁組の手続きはとっていなかったが、将来、養父となる俊次郎を常に気遣っていた。テルが盛岡の女子師範学校に勤務しているところに、定則が友人と共に出向いて言った。

▲「俊次郎夫妻記念写真」（三田家所蔵）
（明治36年9月15日撮影）

「あの……、私の父上（俊次郎）のお嫁さんになってくれませんか。リサさんが亡くなってから、とても辛そうですが、どうでしょうか」

するとテルは、顔を赤く染め、袖で隠しながら言った。

「こちらこそ、どうぞ宜しくお願い申し上げます」

定則たちは急いで引き返し、俊次郎にテルの返事を伝えた。顎鬚が長く伸び、汚れた襟元から幾分やつれた顔を見せていたが、少し明るさを取り戻して俊次郎は言った。

「ありがどがんす。ありがどがんす」

定則は、自分が父上に母上を貰ってあげたのだとよく言っていたという。

俊次郎の片腕として働き、定則を知る岩手医大附属病院の今野八重女《やえめ》元総婦長は、当時の俊次郎の再婚の経緯について、『わが三田定則先生』に記している。定則は俊次郎の多事多難さを気の毒に思い、自ら、その世話を買って出たのである。養父となる俊次郎には引き続き、地域の貧しい医療環境の改善に力を尽くしてほしいと願ってのことであった。それにしても、養母となるテルは定則のわずか四歳上でしかなかったのである。

明治三六年一月二五日には、新年会をかねた披露宴が俊次郎宅で催された。

テルの実家小泉家

士族小泉家は徳川家康以来の直参旗本である。テルの父小泉満信は明治新政府に奉職して、初代の岩手県会計課長となって東京から盛岡に赴任した。父満信と母レンとの間に幾人か女児が生まれた。だが、成長したのはテルと妹のヤマだけであった。盛岡に居を構えた両親は、二人の娘たちにできるだけの教育を施そうとした。

明治二一年、テルは上京して東京高等女学校に入学したが、父満信の死去により翌年九月に退学して盛岡に戻った。だが、向学の精神は再びテルを東京に呼び戻すのであった。同二四年東京女子高等師範学校（現、お茶の水女子大学）に入学した。そして、同二八年、無事に同校を卒業し、その後は福島、埼玉、岩手にて教師として勤めた。教科書や練習帳など、小泉ヤマと記されたものも三田の倉庫に紛れ込んでいて、妹との接点をそれらの学用品に見ることができる。父親を亡くしてから、テルは妹の学費を教員としての自らの給料から捻出していたのである。

テルが結婚するとき、すでに両親は他界していてテル姉妹は叔父に支えられた。かけがえのない家族は妹のヤマだけであった。小泉家は妹ヤマが赤坂家の三男多三郎を婿養子として迎え、あとを継いだ。

多三郎は後に第一二代盛岡市長を務めたが、生涯にわたって、義正や俊次郎の事業を全面的に支援するのである。結婚後、テルは直ぐに岩手産婆看護婦学校の教師嘱託として、修身、作法、茶道、家事を教授して俊次郎を助けた。まもなく長女トシを授かり、続いて長男俊定も誕生するが、教師としての仕事を辞めることは考えなかった。

明治期の家父長制と、三田家の養子縁組

日本における「家制度」は当時、社会における基盤をなすものであった。俊次郎の義父三浦自祐は三浦家に養嫡子として入ったが、自祐の養父三浦自輿も養嫡子である。稲造は一時期、叔父太田時敏の養子となるが、時敏自身も新渡戸家から太田家に養子として入っている。家に子どもがいなければ養嫡子を迎え、家に女子がいれば婿養子を迎えて跡取りにする。生まれた息子がその家の跡取りとして不足すると判断されれば、他家から賢い男子が迎えられて〈家〉は守られたりした。事実上の家督交替が行われるケースもあり、家父長制が強いときに多く見られる。

話は戻るが、俊次郎とリサ夫婦は結婚して九年経っても、子どもの成長を見ることができなかった。俊次郎が大学に休学願いを出した翌月に雪太郎が誕生したが、数日後に亡くなる。また、明治三三年に生まれた千代も二歳にならないうちに夭折している。そこで俊次郎夫婦は母キヨの実家である八重畑村に住む新田目家から、明治二九年三月三一日付で次郎を養子として迎えていた。新田目家は優秀な子弟を輩出している家柄であったから、俊次郎は喜び、三田家の長男として迎えるには「次郎」では不都合

なので、「一郎」に名前を改めて育て始めた。

ところが四歳になっても一郎は会話ができなかったうえ、勉強することを嫌がった。学問への関心がないことが分かり、俊次郎は頭を抱えた。このようなことから、一郎を新田目家に戻したり、また引き取ったりということをやっていたと、後藤氏は記している。

「一郎をどうしたらいいもんだか」

やがて成長した一郎を見て、俊次郎の心はいつか一郎を除籍して、優秀なる関定則を改めて養嫡子にしたいという気持ちに傾いていった。

定則の入籍手続き

後藤氏によると、結局、リサが亡くなって一年後の明治三六年（一九〇三）一〇月二二日に、それまで同居していた一郎を分家させて除籍し、その二日後に、二七歳になる関定則の入籍手続きをとった。定則は俊次郎の養子になるときの条件として、将来の伴侶は自分で決めたいとのことだった。すでに意中の女性（ひと）がいたのだろう。

その後すぐ、定則は日本法制史で名高い中田薫の妹トミを妻に迎えた。今回見つかったメモには、翌一一月七日に「三田定則及令トミ」宛の葉書が投函されていることから、定則は俊次郎との養子縁組を成立させてからすぐ、トミとの結婚の手続きをとったものと思われる。そして、一郎を定則の養子にする手順を踏んだものと思われる。

俊次郎が定則を養子として迎えるには、それなりのステップがあったことが分かるが、一郎への愛情も捨てきれず俊次郎の心に葛藤が生じていた。だが、俊次郎は当時一三歳になると思われる一郎を定則の養子とし、自身は一郎の祖父となることで取り敢えず、この件は俊次郎の意向通りに治まることとなった。俊次郎も定則も、この手続きについては熟慮のうえ、極めてタイミングよく、滞ることなく行われたものと思われる。

それにしても、俊次郎による定則の養子手続きが進められたとき、すでに妻テルは第一子を身籠っていた。このことから、将来の実子の性別に関わらず、俊次郎はとにかく、英才をそばにおくことを自身の信条としていたことは否めない。その二ヵ月後の一二月、テルは長女トシを出産したのである。

当時、名家や富豪の家では賢い子どもが求められた。三浦自輿は自祐の養父にあたるが、新渡戸稲造の叔父でもある。このように三浦自輿、三浦自祐、太田時敏、新渡戸稲造、三田定則、そして俊次郎も、その入籍期間はさまざまだが、養子として他家に迎えられているのである。

義正に対する「絶対に信頼を裏切らない男としての評価」

日清戦争から一〇年後、領土拡大をねらって南下政策を採っていたロシアとの間で日露戦争の火蓋が切られると、連日のように三田火薬銃砲店への注文が殺到し、事業は再び勢いに乗ってきた。だが、ダイナマイトの取扱いは難しく、事故により犠牲者も出ていて、義正の思いは複雑で、気の休まることはなかった。

明治三七年（一九〇四）、東京湾汽船会社の高島丸で横浜から一気にダイナマイトを運ばせている途中、太平洋を通り津軽海峡を横断して函館支店に向かうときだった。運搬船がロシア戦艦に撃沈されるという最悪の事態に陥った。この知らせはすぐに盛岡にも届き、義正は一瞬動転した。頭の中が真っ白になり震えが止まらなくなった。義正はロシア戦艦が津軽海峡を厳重に監視していることを全く知らなかったのである。そして、信用を失うことの怖さを思った。

義正はそのとき父義魏のことが頭をかすめ、自身の心と静かに向き合った。人生の最期を頭に描いた。死を覚悟するような決断に、今まで追い詰められたことがあっただろうかと自身に問いかけるのだった。

義正は〈信義〉を果たすことを第一に、大きな賭けに出た。そこで出した結論は、再び同じ量の火薬を船に積んで津軽海峡を運ぶことであり、そして、激しい声が静寂を破った。

「すぐ、また届けろ。いいか、すぐにだ。分かったか」

函館支店は無謀と思えるこの指示に驚き、唖然とした。

義正が絶大なる信用を勝ち取るには、これ以上のことはなく、儲けという考えは二の次であった。この指示は義正の評判を上げ、後世まで語り継がれることとなった。義正は〈討つべきときに討つ〉ことを実行し、それにより絶対に信頼を裏切らない男として評価されたのである。

義正が、このように津軽海峡の戦闘をくぐり抜けて火薬やダイナマイトを運搬するという命がけの任務を遂行しているとき、俊次郎は南部家の深刻な問題と自身の学校経営の擦り合わせを行い、最良の結論を導き出そうとしていた。

10　私立岩手医学校と作人館中学校閉校となる

作人館中学校校長に南部英麿就任

盛岡藩の最後の藩主南部利恭公の弟である南部英麿は一四歳のとき、姉、郁子の夫で華頂宮博経親王に従って渡米し、ダートマスとプリンストンの両大学に学び、理学士の学位を得て帰国した。帰国後、大隈重信の娘クマ子と見合いをしたところ、米国風の礼儀で女性に接したので、大隈の妻とクマ子はすっかり英麿を気に入って、結婚へと事が運んだと『原敬日記』に記されている。英麿がなかなか秀麗であったこともクマ子を惹きつけたようである。この結婚の仲人は時の政治家犬養毅が務めた。なお、その後、大隈家の一員となった大隈英麿は、早稲田大学の前身である東京専門学校の初代の校長に就任した。

ところが、英麿は性格のよさからか、幾度も人に騙《だま》されて大変な負債を重ね、大隈家から離縁されることとなる。明治三五年（一九〇二）九月五日には南部家奥方の葬儀が済んだばかりで、その葬儀により内部が混乱しているのに、大隈家は大隈英麿の離縁、離籍の手続きを知らせてきたと家令の太田時敏が原敬に伝えてきた。その詳細と南部家から英麿のその後について、原敬は意見を求められたと、同年九月一三日の『原敬日記』に記録されている。

南部家に於いて相談し度事あるに付来邸ありたしと云ふに付赴きたるに、大隈伯に養子に行きたる英麿又ヽ他人の負債に調印し（今回は二萬圓已上と云ふ、第三回目なり此類の事は）たるに因り、英麿大隈邸を去りて離縁を求め目下其手續中なり、然るに英麿より斷る上は分家して一家を建て平民籍に列し煩《わずらい》を實家に及ぼす事を避けたしと云ふに付意見如何と利恭伯より諮問あり、出席したる者は令扶の外、東次郎、菊池武夫、南部晴景、杉村濬と余なり、英麿も其意思を述べ将来は教育事業にでも従事して身を立てたしと云ふ、其説固より取るに足らざるも斯くなりたる上は其希望任すべしと余の述べたる説に一同賛成したれば其事を答申し、又南部信方同利克二子も出られ同意の旨を述べたり、尚ほ英麿に對しては将来無頼《ぶらい》の徒と交際を絶つ事を述べたり、（以下、略）

原敬は、その八月に第七回衆議院議員総選挙に盛岡から立候補して当選したが、原敬を支援した人たちのなかに義正と俊次郎もいた。その後、選挙応援の礼状が届いていることから、原が盛岡で医療や教育の改革事業を進めている俊次郎をすでに知っていた。しかも、原は南部家から絶大なる信頼が置かれていた。太田時敏は一度、幕末に脱藩して上京したが、盛岡に戻り、南部家にて家令として務めていた。そのとき原の了承のもと、時敏は英麿の不遇な状況を俊次郎に知らせ、その件について相談していたものと思われる。

明治三四年に私立岩手医学校を創立した俊次郎は、将来、諸設備を整えたら、医学校を「医学専門学校」に成長させようと考えていた。また、予備学校としての「附属中等普通学校」も明治三五年（一九〇二）に私立岩手医学校内に設置したのだが、生徒の医学校進学がスムーズに果たされるようにするためと考えられた。

だが、実際に学校運営が開始されたかどうかは分からない。まもなく、英麿の不遇を耳にすることになったからである。

その頃、大隈家から離縁された英麿は盛岡に戻って来ることになり、教育事業に携わりたいという意向を示していたのである。教育事業のことで太田時敏から打診があった俊次郎は、英麿を校長として迎え入れることにした。俊次郎の日記の明治三六年四月一一日に「南部英麿氏ヲ訪問し中学普通学校ノ校長嘱託ノ承認ヲ得る」との記述を見ることができ、翌月五月一五日に英麿の校長認可の件を岩手県宛に申請している。その後も頻繁に南部英麿との接触の様子を、その日記のメモから知ることができる。

指令岩収三第一三六八号

盛岡市私立岩手医学校附属中等普通学校

設立者　三田　俊次郎

明治三十六年五月十五日申請、南部英麿ヲ私立中等普通学校長ニ相定ムルノ件認可ス。

明治三十七年　三月十日

知　事

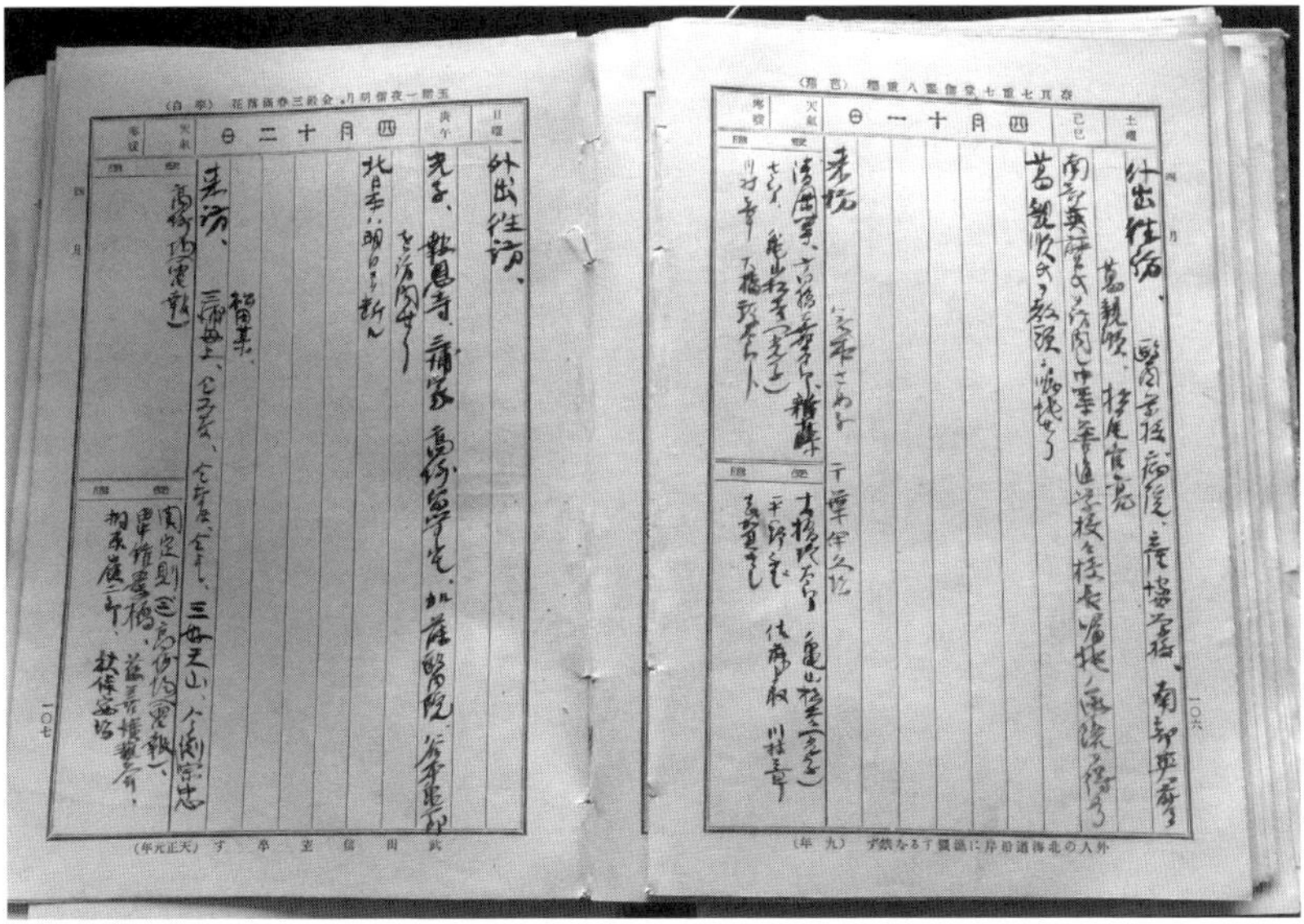

▲「俊次郎の日記」（明治36年）（三田家所蔵）

自身が経営する「私立岩手医学校附属中等普通学校」を「作人館中学校」に名称を変えて、経営組織を変更してもいいと考えた俊次郎は、伝統ある旧藩校名を、この学校に授けることは南部家のためでもあるとして名称を変更することについて厭《いと》わなかった。それより、自分が役立つことを喜んだ。中学校受験を目指す者や中学校で学ぶことができない子弟のための学校である。職員は全て名誉職とし、無給とした。修業年限は三ヵ年で、科目は修身、国語漢文、英語、地理歴史、数学、博物、図画および体操とした。運営は授業料のみで行われることにした。

俊次郎にとって、英磨の教育事業従事への希望を叶えることは難しくはなかった。やがて、この「作人館中学校」は、岩手医学校と分離して経営されることとなった。

▲聖寿禅寺南部家墓所内「南部英麿墓」／右前に「早稲田大学創立百周年記念展墓」

同三七年（一九〇四）一月に北条知事が南部家に盛岡城址に新しく公園を設置したい旨の相談を申し入れた。その結果、県は南部家との間で三〇年間無償借入の契約を結ぶこととなり、それに伴い、盛岡城址の一角に学校設置が可能となった。俊次郎にとっては好都合で、そこに「作人館中学校」を設置することができたのである。同年三月には校長に南部英麿が就任することが認可された。

しかし、六年後、作人館中学校の校長を務めていた南部英麿は明治四三年（一九一〇）五月一四日、五五歳の生涯を閉じることとなってしまった。盛岡に戻ってきて六年という歳月は、まだ日が浅かった。盛岡での教育に対する英麿の思いが十分に果たされないままであった。俊次郎は英麿の葬儀の際、参列者の接待を任された。後日、南部家の家扶より葬儀の手伝いと、生前の厚誼に感謝する旨の礼状を受け取った。

南部家ゆかりの寺院は、遠野から移した東禅寺、三戸からの永福寺、報恩寺、教浄寺、聖寿禅寺で、それらは「盛岡五山」と呼ばれ、格式の高い寺院とされている。そのなかでも永福寺は専ら城内の祈願祈祷を取り仕切るところであり、聖寿禅寺は盛岡藩主の菩提所と定められている。英麿は聖寿禅寺に葬られた。墓地の傍らには、「早稲田大学創立百周年記念展墓」が建ち、教育者であったことが忍ばれる。

その後、作人館中学校は、明治四三年冨田小一郎が継いだものと思われる。冨田は義正の宮城英語学校の先輩で、義正は教育者としての冨田をよく知っていると同時に、岩手育英会の起ち上げにも協力してくれた人物である。教育には熱いものを持っているが、世渡りが不得手な冨田を放って置くわけにはいかない、という気持ちによくさせられた。俊次郎も義正も人との絆を大切に考えては、相互の事業を通して冨田に対する人事の調整を図っていた。

俊次郎はこの作人館中学校を正規の中学校にすることを企図していたが、英麿が亡くなったことで俊次郎の思いは途絶えた。大正二年、冨田がこの中学校の重要な任を辞すると、校長は交代となった。卒業生は大正元年度には二二名、同五年度は三三名、同七年度は三名、同一〇年度はゼロとなり、発足から二〇年余りでこの学校は閉じられることになった。私立岩手医学校とともに、この作人館中学校も廃校の悲運に導かれるのだった。

11　中津川の大洪水により救護活動を行う

中津川氾濫により大洪水となる

明治四三年（一九一〇）九月三日、前夜からの降雨で水量が増し、北上川や中津川が氾濫して畑地に浸水した。巨木を倒し、大きな石や家屋、家財を真っ黒な濁流に飲み込んだ。

「あっ、橋が、上ノ橋が、流されだっ」

「与の字橋も流されだっつな」

「この激流じゃ、舟も出せねっ」

中津川にかかる与の字橋と上ノ橋が最初に流され、その後、市内にかかる十か所の橋も次々と濁流の渦のなかに消えた。川岸の土手が水流の勢いで削り取られたものだから、両岸の建物は全て土台から崩れ去った。大洪水の激走は、義正の家屋も川留稲荷の社殿も飲み込むという未曽有の大災害をもたらした。

洪水による怪我人は、内丸の岩手病院や自宅の眼科医院で無料で治療することにした。俊次郎は近くの橋が流され、岩手病院へのルートが絶たれたことで当面、書生たちの手を借りながら、自宅の診療所を開放し、たすき掛けで救護に当たった。加賀野の川留稲荷神社の敷地も濁流の勢いで削り取られた。

「先生、流れてきた大木に足、引っ掛けちまった。あっ、川留さんも流されだど」

▲大正5年11月再建「川留稲荷神社」

「何っ、お稲荷さんも。こりゃ、大変だ」

「どれっ、足に副え木するがら、おーい、誰か、手伝ってくれ」

「そっちは、大丈夫かっ」

赤十字社岩手支部も医師木村宗光の自宅に臨時救護所を設けたり、また盛岡衛生病院にも救護隊が派遣されたり、大々的な救援活動が展開された。一、〇〇〇人余りが避難したと伝えられるが、大洪水の割に犠牲者は一人だったとの当時の記録を見ることができる。

キヨは川留稲荷の再建を決意する

キヨは苦しいときに救いを求め、助けてもらった川留稲荷の再興を願って社殿の再建を決意する。実は、これにもキヨの興味深いエピソードが残されている。

浄財を募る際に、煙草好きの者がいると、一ヵ

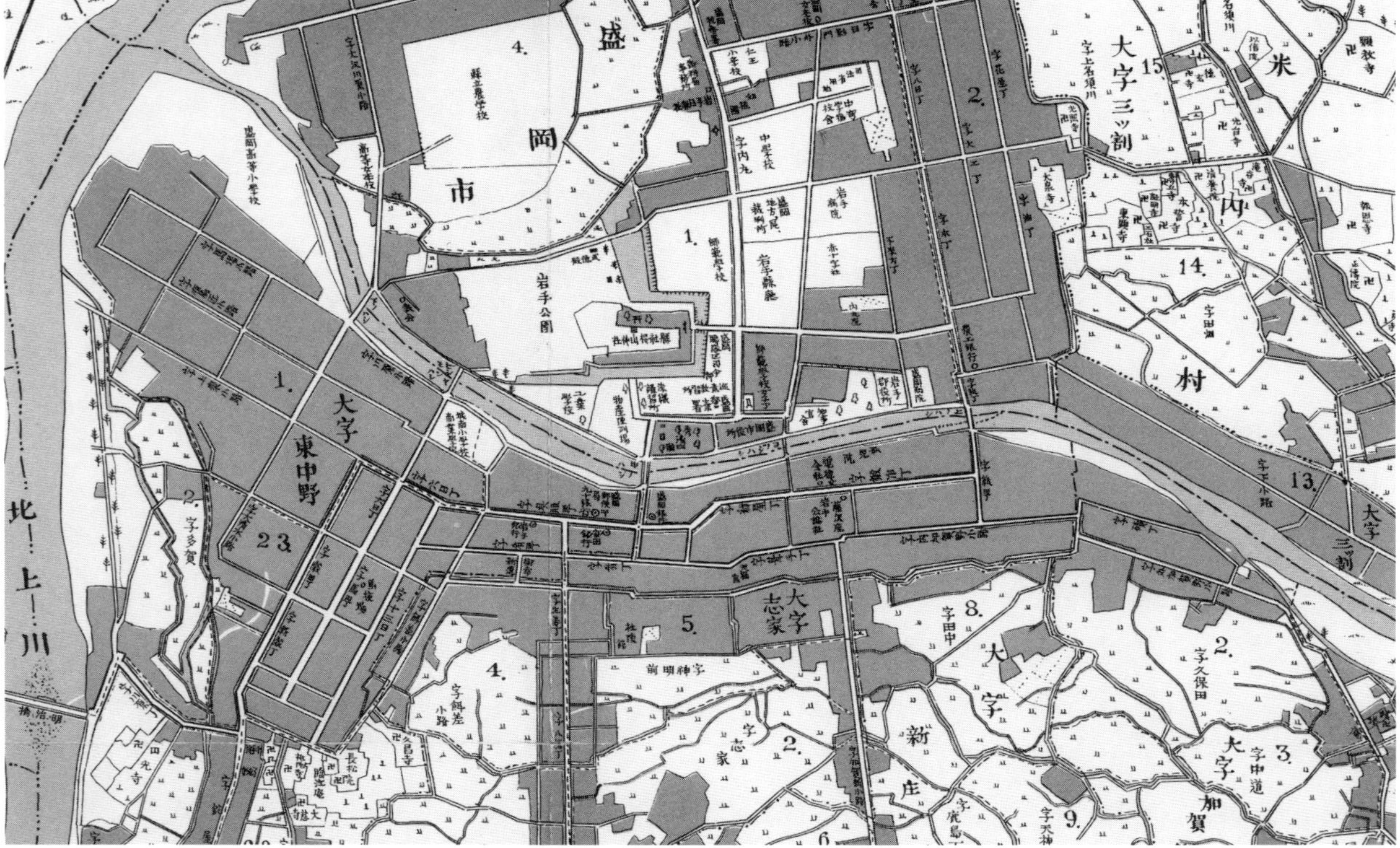

▲「盛岡市街及附近実測図（編纂者：岩手県稗貫郡花巻川口町九番戸、高瀬大五郎、明治四三年五月着手同八月完了）」（盛岡タイムス刊）の一部

月に巻き煙草二本を寄付するように頼んだ。すると、次のように、よく言われるのだった。

「毎月二本だと忘れてしまう。一年分二四本を前渡しするじぇ」

キヨは、このような駆引きの機会を見事に誘い出していた。だが、そのときキヨは手数を煩わしく思い、微細の利殖を軽くみるような人間は信用できないと人を判断するのであった。若い頃、家庭の外で教育を受ける機会はなかったものの、その才知と経済観念においては抜きん出るものがあった。キヨの積極的な働きかけにより、川留稲荷は大正五年（一九一六）に復興された。このキヨが、俊次郎だけではなく〈信義を果たす〉ために雄々しく挑戦する義正を育てたのであり、母の家庭教育が二人に与えた影響は極めて大きいと見られている。

12　温泉療法のための温泉事業を断念する

人々の心を癒す温泉医学に注目が集まる

明治三九年（一九〇六）に制定された医師法により、同四五年（一九一二）、岩手医学校を廃校にせざるを得なくなった俊次郎は、今までにないほどの挫折を味わうこととなった。医育に全身全霊を傾けてきた俊次郎の心の糸は切れてしまった。良医を育て、岩手の医療を改善したいと思ったができなくなった。国の方針になす術《すべ》がなかった。俊次郎は病院経営に専心するしかなく、悶々とする日々を過ごすのであった。

明治初期、日本古来の温泉の科学的研究が盛んとなった。その効能について、東京大学で医学教育に従事していた御雇い外国人の医学者エルヴィン・フォン・ベルツ（一八四九～一九一三）は、日本の草津温泉を母国ドイツの学術雑誌に紹介し、温泉療法の有効性を唱えた。明治九年（一八七六）から同三五年（一九〇二）まで東京大学医学部で教師を務めていたので、俊次郎が在学中に講義を受けた可能性も高い。明治四〇年代、温泉は万病を癒《いや》す泉として多くの人々の心を癒す温泉医学に注目が集まり、やがて俊次郎も強く関心を抱き始めるのである。

ちょうどその頃、盛岡に隣接する滝沢村（現、滝沢市）の某小学校の校長が地域振興策として、温泉事業の話題を提供したところ、盛岡の財界人との協議が進められることとなった。その結果、大正三年（一九一四）六月に、株式会社としての組織が起ち上げられ、温泉掘削に向けて具体的に計画が進むこととなった。義正は滝沢村に山林を所有し、リンゴ畑も多く所有していた。湯を引くための木管を敷設する際の交渉役は政治力をもつ義正でなければできない。社交的な義正は、朴訥《ぼくとつ》な俊次郎のそのような苦手な部分を補うのが常であった。

義正は言った。

「温泉の湯を引けば、人が集まる。賑やかになって町ができる」

俊次郎も言った。

「癒しながら身体が元気になる。こんたに（こんなに）いい事はないっ」

岩手病院の院主である俊次郎は多くの患者の癒しに繋がることは、すぐにでも試みたいと思い、社長を引き受けた。取締役は義正ほか四名、監査役は小泉多三郎ほか三名で、いつものメンバーが加わっていた。

新盛岡温泉の建設

岩手山や駒ケ岳一帯には有数の温泉場が既に設置されていたことから、岩手山の中腹にある網張温泉から盛岡市郊外の滝沢村まで湯を引く計画が立てられた。全長一二キロである。県道盛岡環状線の西側、りんご畑の拡がる丘に「新盛岡温泉」建設に向けて、大正四年（一九一五）に工事が始まった。俊次郎は診療が終わると、盛岡市内から六キロの道のりを自転車で現地まで駆けつけ、自ら測量して現場を見て回り、翌朝六時には病院に出勤するということを平然とやってのけた。何事も自分で確認しなければ気のすまない性分であった。

湯が酸性であったことから、長期間には管が腐食するので木管が使用された。最初は三二・三度で到達した湯も改良を加えることで、大正六年（一九一七）には熱湯での到達に成功して俊次郎は大いに喜んだ。一〇万坪の地域に旅館七戸、雑貨商その他四三戸が立ち並ぶとともに、温度四八度で内湯七カ所、滝の湯二カ所、外湯三カ所が備えられた。

盛岡市内から自動車、馬車や人力車も出て、小さな温泉街に向けて人々の往来が盛んになった。温泉の効能は皮膚病、神経痛、貧血症、婦人病等に適したという。俊次郎は新盛岡温泉場から出た水を、喜んで原敬に届けた。その手紙の概略は以下の通りである。

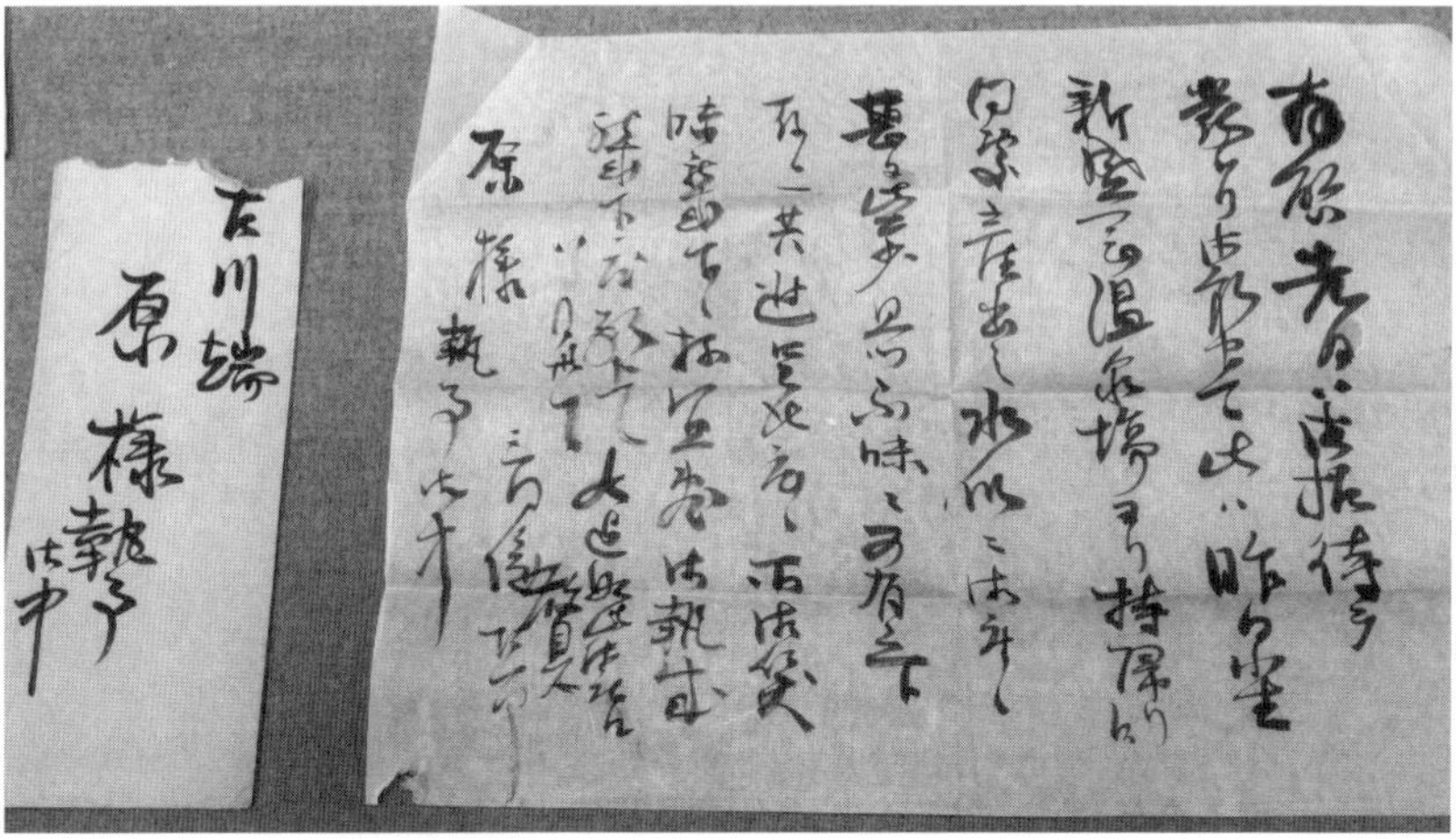

▲「原敬宛三田俊次郎書簡」（原敬記念館所蔵）

先日はご招待を蒙りお礼申し上げます。これは昨日、小生の新盛岡温泉場より産出した水を持ち帰ったものでございます。極少量かつ味も良くないと思いますが、進呈したく思います。ご笑味くださいますようよろしくお願い申し上げます。

温泉事業から撤退し、医学校設立に向けて邁進する

ところが、二年後、湯の流速が鈍り始めた。酸性の湯なので木管を使用していたのだが、その管に土砂が沈殿するようになった。湯の流れが遅くなるということは、温度が低下するということである。俊次郎は頭を抱え、解決策を探った。そこで、東京に住む旧藩士である東京帝国大学物理学博士の田中館《たなかだて》愛橘《あいきつ》に相談したところ、最新式の沈澱濾過装置を使用すれば、この問題は解決するとのことであった。

しかし、装置設置のためには多額の費用がかかるので役員の理解を得るのは難しく、結局、この事業は途中で打ち切られることとなった。

俊次郎は言った
「温泉経営は難しい。無理じゃ」

義正も言った。

「金がかかりすぎる」

俊次郎も義正も、この事業が本当に自分たちのやりたい事業なのか、次第に自信がもてなくなった。順調にいくかも知れないと思った義正も、俊次郎のこの決断を受け入れることにした。大正一四年（一九二五）にはちょっとした街の賑《にぎ》わいもみせるようになったが、温泉経営については自分の力量を超えると判断した俊次郎は、他人に経営権を譲り渡すことにした。爾後《じご》の人生を医学校設立に向けて、着実に歩むことを決意するのであった。温泉地は今では見る影もなく、バス停と集会所の名称だけから温泉開発が進められたことを知ることができる。

第５話　医療・福祉・教育の道筋をつける

１　戊辰戦争殉職者五十年祭が挙行される

原敬の「戊辰戦争は政見の異同のみ」との考え

戊辰戦争からやがて、五〇年が経とうとしていた。多感な時期に楢山佐渡の処刑という衝撃的な出来事に遭遇した原敬は、佐渡を筆頭とした盛岡藩士の犠牲者を弔いたいと久しく心に留めていた。近来まで殉職者を弔う行事は南部家により報恩寺で行われてきたが、南部家の財政も逼迫《ひっぱく》してきた。次は五〇年祭となることから、原敬は現在の士族だけを対象とするのではなく、盛岡市の主催という公的な企画としてはどうかと提案し、南部家に配慮した。

三田定則の実兄で盛岡市助役の関定孝にとりあえず一〇〇円を寄附して、三〜四〇〇〇円もあれば実施可能であろうと告げ、祭典を営むことは風教《ふうきょう》（註：徳行をもって教え導くこと）の一端と考え、その計画を急ぐよう促した。

▲聖寿禅寺敷地内「盛岡藩士卒戊辰戦死之碑」

同志相諮《はか》り旧南部藩士戊辰殉難者五十年祭本日を以て挙行せらる、顧るに昔日も亦今日の如く国民誰か朝廷に弓を引く者あらんや、戊辰戦争は政見の異同のみ、当時勝てば官軍負くれば賊との俗謡あり、其真相を語るものなり、今や国民聖明の沢に浴し此事実天下に明かなり、諸氏以て瞑《めい》すべし、余偶ゝ《たまたま》郷に在り此祭典に列するの栄を荷ふ、乃ち赤誠を披歴して諸子の霊に告ぐ

大正六年九月八日

旧藩の一人　原　敬

（原敬『原敬日記』第四巻）

大正六年（一九一七）九月八日、午後一時から「戊辰戦争殉難者五十年祭」が報恩寺で執り行われたが、その席で原は祭文を奉上した。薩摩・長州を主体とした新政府は、戊辰戦争で賊藩となった東北地方の諸藩を蔑《さげす》んで、〈白河以北は一山百文にしかならない〉と侮蔑したことから、原は自らを一山と号して抗した。かつての盛岡藩士たちは深い心の傷を覆い隠しながら五〇年もの歳月を過ごしてきた。原も、その一人であった。祭文の「戊辰戦争は政見の異同のみ」という文言は、殉職者への言葉とともに、こ

れまで生きてきた藩士たちに対して、戊辰戦争へのとらわれからの訣別を図ろうと促すものであった。

九月八日という日は、慶応から明治に元号が改められた日であった。大法要に市中が賑わい、素人相撲が行われたり、花火が打ち上げられたりするのは、当時の関係者に無神経だと原はその胸中を洩らしている。原の脳裏を掠めたのは報恩寺での楢山佐渡の処刑であった。あの時の、あの場所での出来事を、人々は記憶の彼方に追いやったのかと憤りに近い思いに駆られたにちがいない。

南部家ゆかりの共慣義塾の役割

義正と俊次郎は後年、このような原に惹かれるところもあり、郷土の指導者として仰ぎ見てきた。東京で味わった恥辱を忘れることはない。折に触れて口惜しさと虚しさが込み上げてくる。この地を中央に負けないほど豊かで、そして人々が健やかに暮らせる地域に育てたい。必ずや成し遂げたい。そうすることが、殉職した藩士への報いであるとの思いで身が引き締まるのであった。

その翌年の大正七年（一九一八）、原敬は薩摩、長州の派閥からなる寺内内閣を倒して、最初の政党内閣を築き上げた。薩長への敵愾心《てきがいしん》は原が一三歳のときに遡《さかのぼ》り、楢山佐渡の処刑の日が起点となるが、総理大臣として日本の頂点に立ったとき、当時の無念の思いは晴らされたかのようであった。原敬の言葉は平静であっても、それまでに至る行動は途切れることのない遺恨が原動力になっていたと感じられるのであった。

戊辰戦争敗戦ののち、南部家は共慣義塾を東京に設立した。敗戦の恥辱を晴らすため、優秀なる人材を見つけ出して、その後押しをするためのものであった。だが、経営難に陥り、ほどなくして廃校となり、その夢は絶たれたかのように見えた。当時、盛岡から上京して入塾していた生徒のなかに原敬がいた。その原敬が、見事にその思いを結実させたのである。共慣義塾は大きな意味をもつこととなった。

原敬、東京駅で暗殺される

さて、この時期、義正は予てから考えていた社会教育事業の一環としての図書館について、川留稲荷神社の境内に建設しようと具体的に動き始めていた。館長に冨田小一郎を据える予定で館長の住まいを建て、蔵書の検討を始めている矢先のことだった。突如、原敬が近代国家に不可欠な施設として図書館建設を提唱したのである。大正九年（一九二〇）のことである。このことを知った義正は悩んだが、結局、自身の図書館建設は中止することにした。

翌年の大正一〇年（一九二一）一〇月、文部大臣より原の提案した図書館設置の認可が下りた。ところが一一月四日、日本国中が衝撃を受けたことに、一青年により首相の原敬が東京駅で暗殺されたのである。葬儀は遺言通り、盛岡で執り行われたが、同月一九日、原敬の遺志として遺族より一〇、〇〇〇円が図書購入費として寄附された。それにより、翌年三月、岩手県に公共図書館が誕生して原敬の思いは繋がることとなった。義正は自身の図書館建設の断念については、心のうちに押し留めることがあった。

２　救済の精神をもって社会事業を推進する

盛岡藩の元禄、宝暦、天明、天保の四大飢饉

盛岡藩は江戸時代の三〇〇年の間に、元禄、宝暦、天明、天保と四大飢饉に見舞われた。それは気候不順による農作物の病虫害の発生と不作不熟によるものであった。農民は食べ物として蕨の根、松の皮、どんぐりや栃の実など山菜や木の実にたよるしかなかったが、恐ろしいことに犬猫から人肉に至るまで求められる有様であった。路傍の餓死者の数は日を追うごとに増えていった。餓死者はついには鳥や犬の餌となり、その惨状は目を覆うようであった。

天明三年（一七八三）や天保四年（一八三三）には報恩寺や東顕寺に御救《おすくい》小屋が建てられ、多くの貧民の救援が行われたものの行き届かなかった。このように東北地方は幾度も凶作に見舞われ、その都度、多くの餓死者が出ていて、報恩寺の裏山には天保四年の餓死者四八三人の精霊供養塔が建てられている。

▲報恩寺敷地内「蓮華八角柱供養塔」

篤志家小原源八が「盛岡孤児院」を開設

民間の篤志家小原源八は明治三七・三八年（一九〇四・一九〇五）の東北地方の大凶作により、路頭に迷う多くの汚れた衣服をまとった子どもたちを見た。子どもたちは青く膨れて、虚ろな目をしていた。その子どもたちの惨状から救済に当たることを決意し、小原は明治三九年（一九〇六）、盛岡市加賀野新小路に「盛岡孤児院」を開設した。

すでに明治七年（一八七四）には、生活に困窮する人々に対する一般的救済制度として「恤救《じゅっきゅう》規則」が定められ、公的費用による救済が始められていた。

しかし救済責任を親族や地域社会の相互扶助に負わせ、救済対象は「無告ノ窮民」（註：誰も頼り手のない困窮者）のみに限定されることになっていた。そのような身寄りのない子どもたちの面倒を見るために設立されたのが、この「盛岡孤児院」である。

原敬はこの施設を大正二年（一九一三）八月に訪れて二〇円を、また、翌三年（一九一四）には二〇〇円を事業奨励金として寄付している。俊次郎も、大正一五年（一九二六）、当施設が岩手養育院として認可、改称されてから嘱託評議員を務め、福祉事業の運営に協力し始めている。

俊次郎は自祐の教えから、難民救済を自身の使命と感じていた。幼い頃、没落士族の家は金銭的には決して裕福ではなかった。だが、両親が揃い、兄弟一緒に食事ができる環境は何にも代えられない幸せな環境との思いから、幼子《おさなご》の物乞いをする様子には心動かされるものがあったのである。

俊次郎の社会事業への取り組み

大正一二年（一九二三）九月一日、関東大震災が発生し、密集する東京が襲われた。折からの強風にあおられて、木造家屋は次々に火の海のなかに飲み込まれていった。俊次郎は、その様子を盛岡で耳にすると、すぐに救護班を組織して上京した。明治二九年（一八九六）の明治三陸大津波発生のとき、岩手の被災地は東京からの医師や看護婦の支援により助けられた。その恩を忘れず、その恩に報いようとした。死者は一〇万人を超え、その多くは焼死であった。全壊家屋は約三〇万戸にのぼり、未曽有の被害がもたらされた。

また、俊次郎は市の社会救済事業として、刑務所退所者を一時保護する「岩手保護院」の評議員として、創立時から、その救済と支援に携わっていた。役員の大部分が宗教者と司法関係者であり、民間からは俊次郎だけであった。この事業も盛岡孤児院と同様に、盛岡における福祉事業の先駆けとされていて、俊次郎はこのように医療医事に関する充実だけではなく、社会事業活動へも積極的に取り組んでいくのであった。

大正五年（一九一六）四月一日、眼科医として岩手盲唖学校の〈鍼灸科兼校医〉の教員に着任し、指導にあたった。原敬は、この盲唖学校にも五〇円を寄付したと大正三年（一九一四）五月一五日の日記に書き留めている。原は郷里の教育や福祉事業に変わらない関心を寄せ、その発展を期するのである。俊次郎が医療も福祉も個人の力だけでは改革できるものではないと考えるに至ったのは、原のこのような行為から学んだものである。政治力をもつことで人の心を動かし、社会を改革していくやり方を原から教えられていた。

次の文言は俊次郎の慈愛の心が、単なる医育機関に留まらず、結核療養所、精神病院、癩病《らいびょう》施設などの医療施設の設置を目指していたところにも表われている。

「世の中で最も哀れむべきは者は結核病者と癩病者と精神病者である」（前掲：後藤英三著、二四〇頁）

結核療養所である岩手サナトリウムは昭和六年（一九三一）に、また精神病院である岩手保養院は昭和八年（一九三三）に設立することができた。特に精神病院は東北地方唯一の保護収容施設として、その果たした役割は大きい。だが結局、癩病施設をつくることはできず、俊次郎はそのことをずっと悔んでいたという。

「仁」は医家にとっては大切な心根とされ、また、生計困難な人々や医薬救護を必要とする人々を率先して助けていくことが、医家としての義務と考え、その品性を特に高め、礼道に適うように俊次郎は常に心がけていた。その思いは困っている人には無償で診てやるという声掛けからもよく伝わってくる。義父である自祐を失った俊次郎は、今度は原敬の行いを追い、利害をぬきにして他人のために尽くすというやり方に限りない郷土愛さえ感じるのであった。

3　女子教育のために岩手高等女学校を創立する

明治の女子中等教育と、テルの向上心

日本には江戸時代からすでに私塾的な女子教育の場が設けられていたが、そのような機会が得られたのはごく一部の女子に限られていた。明治に入り、小学校を卒業する女子の数も増え、女子の中等教育の必要性が出てきた。明治五年（一八七二）の「学制」は日本における近代的学校制度を定めたもので、教育史上、画期的な政策となったが、中学校以上の女子の教育については何の方針も示されていなかった。現状は、私塾的な教育内容が受け継がれていたにすぎなかった。やがて、列強諸国が女子教育の充実を図ることで強力な国家に変貌するという認識に立った政府は、女子教育への新たな方策を検討することになった。

その後、文部省ではこのことについて審議が重ねられた。明治二四年（一八九一）一二月、女子の中等教育は高等女学校においてのみ実施されることとなり、初めて女子中等教育の規程が加えられることになった。このことにより、高等女学校は尋常中学校と同格とされ、男子の中学校に対応する女子の中等学校であることが法制上明らかにされた。

テルが明治二一年（一八八八）、向学心に燃えて盛岡の実家から人力車で一関まで行き、それから船に乗り石巻経由で塩釜に至り、次いで汽車に乗って東京まで達し、東京高等女学校に学び、その後、明治

二四年（一八九一）から東京女子高等師範学校に学んだのは、こうした時期であり、鉄道はまだ全線での開通をしていなかった。因みに盛岡と一関のあいだの鉄道が開通して盛岡駅が開業したのは、明治二三年（一八九〇）一一月のことで、開業当初、盛岡から仙台まで汽車で七時間弱、仙台から上野までは一二時間二〇分程かかっていた。このように苦労して身に付けた学問を世の中に還元しないわけにはいかなかった。

明治二八年（一八九五）一月「高等女学校規程」が定められ、女子中等教育制度が詳細に規定された。同三二年（一八九九）二月には、「高等女学校令」が交付されたことで独立の学校令をもつこととなり、女子教育に関しては著しく進展したと言うことができる。

賢母良妻タラシムルノ素養ヲ為スニ在リ、故ニ優美高尚ノ気風、温良貞淑ノ資性ヲ涵養スルト倶ニ、中人以上ノ生活ニ必須ナル学術技芸ヲ知得セシメンコトヲ要ス

高等女学校の目的として、「女子ニ須要ナル高等普通教育ヲ為ス」と定められたが、樺山資紀《かばやますけのり》文相の説明により、上流階級のものとしての程度の高い一般教養教育ではなく、中流以上の家庭に通用する貞淑温和な婦人の育成を目指す、という固有の教育内容が教授されることを意味していた。

岩手の女子就学率の劇的な改善と、女子教育気運の盛り上がり

明治初期の就学について見ると、岩手の女子の就学率は全国平均に比べて低い。その理由として貧困家庭の女児は就学が猶予され、家事手伝いや子守りなどの家庭内の労働に従事することが制度として認められていたことによる。明治二八年（一八九五）、県内の小学校就学率は六一％で、全国平均とほぼ同水準である。しかし、性別で見ると、男子八二％（全国平均七七％）に対して、女子三五％（全国平均四三％）である。学問が必要なのは男子であって、女子は家事に従事していればいいという封建的な考え方から抜け出すことができず、岩手の女子の就学率は極端に低いことが示されている。

その後、急激に就学状況も改善されて、明治三七年（一九〇四）までの一〇年間に実に三三％の上昇率が示された。やがて、明治四〇年代における義務教育就学率は、全体で九八％にまで上がり、劇的に改善された。

明治四三年（一九一〇）、「高等女学校令改正」に伴い、岩手における女子教育の気運も盛り上がり、各地に実科高等女学校が設置されるようになった。高等女学校においては技芸専修科や専攻科を設置することができ、男子の普通科教育とは異なった編成となり、多様な要望が考慮されるような教育制度となった。〈実科〉教育は簡便で、しかも家庭婦人としての実生活にすぐに対応できるような教育を施すことが目的であった。当時の人々のあいだにも、一般教養より裁縫や家事など、生活に直結した内容の教育に期待が大きかった。

当時、女子の中等教育は学問を深めるというより、〈貞淑で温和な女性〉の育成が国の方針とされ、そ

の実施が求められた。だが、最初は実科高等女学校として発足しても、後に男子の教育に近づけるための普通科教育を施す高等女学校に切り替えたところも多かった。

テルは岩手の女子教育の水準を上げることを切望

テルは明治四一年（一九〇八）、県立盛岡高等女学校（現、県立盛岡第二高等学校）の教師として国語作法を担当して二年三ヵ月勤め、また、明治四四年（一九一一）から私立東北高等女学校（現、盛岡白百合学園高等学校）でも家事科を一〇ヵ年担当した。テルが教職を務めたこれら二つの高等女学校がすでに盛岡には創立されていたが、テルは「形より実質」という理念から、実社会に適応した女子教育は〈実科〉にて授けられるべきものとの考えをもっていた。

テルは岩手における女子教育の水準を少しでも上げることを強く切望していたから、結婚するとき、将来の教育事業への献身について俊次郎に相談して理解を求めた。教育には理解ある俊次郎なので、協力は得られるだろうという確信はあった。

テルは自身の考えを率直に述べた。

「社会の繁栄を目指すなら、岩手の女子には職業教育が必要と考えます」

俊次郎は東京で勉学に勤しんでいた頃を振り返って、テルに言った。

「東京じゃあ、おなご（女子）も高い教育を受けるようになってきた。岩手も遅れをとってはダメだ。袴を穿《は》いて自転車に乗るおなごも見かけた。時代は変わったもんじゃ」

俊次郎はテルの考えに賛同した。そして、岩手の女子教育がうまく具体化するよう協力すると約束して、結婚したのであった。世の中には国の戦力となる賢い子どもを育てるには、賢い母親でなければならないという考えが拡がっていた。

盛岡実科高等女学校の設立と、岩手高等女学校への改称

盛岡市の人口増加に伴い、小学校卒業後、中学教育を修めようとする女子の数も徐々に増えていった。すでに存在する二校の女学校について、志願者の選択に役立つような学校情報の比較対照表まで作成されるなど、岩手においても勉学志向への気風が高まりを見せていた。そのような女子のために私立の実科高等女学校を創設しようと、テルは俊次郎とともに具体的な計画を立てるのだが、俊次郎もすでに教育事業に着手していたことから、学校設立の進め方については心得ていた。

設立者として、三田俊次郎の名で「盛岡実科高等女学校設置」の申請がなされた。「岩手毎日新聞」は俊次郎を取り上げて、時代の趨勢は女子教育の必要性を痛切に感じさせるところにあり、三田俊次郎はそのような社会背景から女子教育部門の開拓を図ったと称えた。大正一〇年（一九二一）二月、「盛岡実科高等女学校創設」の申請は、文部省より認可されて同年四月に開校の運びとなったとき、「岩手毎日新聞」には次のように紹介された。

盛岡市岩手病院主三田俊次郎氏が教育上に対する熱心化なるは既に定評あり、茲《ここ》に管々《くだくだ》しく云ふ

▲公園下時代の校舎「盛岡実科高等女学校」（岩手女子奨学会所蔵）

までなきことながら氏は曽て南部英麿氏大隈家より離れ帰盛せられ、中等学校設置計画をせし際作人館を提供し援助すること甚大なりしも、其後氏の逝去以来廃校となり久敷く空屋のまゝに今日に至りしが、三田氏は時代の趨勢は女子教育の必要を益々痛切に感ぜしめ特に世界大戦の教訓は、女子の教育を一層必要ならしむと共に将来職業ある女子を要求するの現状を省み、私立実科高等女学校設立を計画し昨年来、元作人館修築中の処愈々《いよいよ》竣工を告げたるを以て、本月一日願書を市役所を経て其筋に提出せしが、同校は校地面積二千坪余にて屋外体操場等は最も広く校舎も十分にて、優に二百余名収容するに足るを以て生徒定員二百名と定められたり。（原文のママ）

校舎は盛岡城址（現、岩手公園）に、南部英麿が校長を勤めた作人館中学部の旧校舎を使って実施される運びとなった。運動場として城址《しろあと》が利用できる都合のいい場所にあった。また、書籍類も「作人館ヨリ盛岡実科高等女学校ニ引継タル書籍調」のとおり、作人館より蔵書を譲り受けることとなり、経費節減ができた。

修業年限を二ヵ年とし、校長となったテル自ら一週二三時間の授業に携わり、日本婦人の美点を発揮する教育が始まった。開設当初は寝食を忘れるぐらい、その教育に全力が注がれた。眼鏡の奥に見せる教養の深さと自信に満ちた眼差しは、多くの卒業生の記憶に留まるところとなった。

昭和二年（一九二七）三月、組織変更により盛岡実科高等女学校は校名を「岩手高等女学校」へと改称し、同時に設立した「財団法人岩手女子奨学会」にその経営を移すこととなった。

テルの外での活躍

藩政の頃からの流れで、家族とその成員の利害は一致するものとの考え方を基本に、リサもテルも武士の娘として自らを厳しく律し、共に俊次郎をしっかりと援護する立場に立っていた。テルは高い教育のおかげで、より社会へ目を向け、外での活躍も顕著であった。

明治四一年（一九〇八）には愛国婦人会岩手支部の評議員を務めた。この婦人会は明治三四年（一九〇一）二月、軍事事業としては国防および戦死者の遺族や傷病兵を救うため、あるいは社会事業としては薄幸者の救護や生活改善の指導などを行うために結成された団体で、主に上流階級の婦人たちにより構成されていた。

また、昭和に入って結成された銃後を固める軍部の「大日本国防婦人会」の支部長も務め、出征兵士の慰問や家族の支援などの軍事援護のほか、一般女性の精神強化にもテルは尽力し、新しい女性のあり方を追求していくのである。大日本国防婦人会のスローガンは「国防は台所から」であり、貞淑温和な妻あるいは母としての存在意義は家庭内から始まり、国家社会においても広く有益なものとなり、成果に繋がるのである。

義正の岩手中学校設立の思い

義正の火薬事業は戦争を契機に次第に規模が拡大していった。それにともなって義正に対する人の目は厳しく、戦争を利用して巨万の富を築いたという悪評が流布した。義正自身も富の道は名誉の道でないことは自覚していた。義正は学農社の津田校長から西洋の新しい農学や西洋事情について知識を得て、ひと回り大きくなった頃の自分を懐かしく思うほど少し感じ易くなっていた。津田校長は進取の気風あふれる人で、農業を学問的に捉えるより、その実践活動において優れた人物として名高く、義正の性向に合っていた。農業を通じて優れた人間を育てようとする教育者でもあった。

義正が弱冠一八歳のとき、明治一一年（一八七八）五月二七日付「日進新聞」に「諸県中学ヲ立テズンバアル可ラザル論」という題で投稿したものが、掲載された。当初、仙台の一中学生の文を新聞社が採用してくれるはずはないとの思いで、義正は書き送ったものだった。ところが、読者に共感を呼ぶと判断されて採用となった。青年期から温めてきた〈人づくり〉の夢を具体化する機会を窺っていた義正は、この頃になって、盛岡に中学校を設立したい思いに強く駆られるのであった。

やがて、岩手育英会から巣立った学生たちも立派に成長し、〈中学校〉を設立する機が熟したと義正は考えた。義正は俊次郎を通して県の学務課に相談し、実現に向けて動き始めた。そして、盛岡高等農林学校（岩手大学農学部の前身）校長、盛岡市長、海軍大将、校長候補らに理事の就任を願った。大正一五年（一九二六）二月二一日、義正宅で育英資金を含む財団法人および岩手中学校（岩手高等学校の前身）が設立され、義正は初代の理事長となった。

同年四月二二日、いよいよ一〇六人の入学生を迎えて、第一回の入学式が挙行された。四月から使用されなくなった盛岡尋常高等小学校分教場の一部を県から借り受けての開校であり、一ヵ月後の五月二七日には、大沢川原の元盛岡高等女学校校舎への移転が予定されていた。

義正は財力に余裕があるから学校を建てるのではなく、郷土から優秀な人材を輩出したいがために中学校を建てるのだと言明しなければならないほど、素封家のサイドビジネス的見方をされていて、それを払拭しなければならなかった。ある人が義正に中学校が不足しているので、私立中学校の設立は好学の生徒にとっては助かる、というような趣旨のことを言った。そのとき、義正は財力が余っているから中学校を立ち上げるという見方に強く反論したという。

「わしは、そんな思いで中学校を建てるんじゃない。わしは若い頃、東京に行って勉強した。つくづく岩手は遅れてると思った。岩手の子弟のためにいい教育をして、立派な人材を育てたいと思っているだけだ」

義正も俊次郎も学校設立に関わる細かな事柄について、この時期にさらに検討を加え、お互いの事業がうまく展開するよう役割分担や人材の活用が話し合われた。人を見る目も、二人の目の方が洞察の精度は上がる。それぞれの兄弟の事業において、有能で信頼が厚いと判断された人物は、双方の事業において兼任が検討されたうえで役員の要請がなされるのであった。兄弟双方の不足を補うかたちで社会性や種々の事業のあり方や教育事業の今後についても話し合いがなされた。

4 学校設立に再び挑み、岩手医学専門学校認可される

「岩手医学専門学校」の設立申請

明治三四年（一九〇一）、俊次郎は盛岡医会堂における「医学講習所」の開設を発端として私立岩手医学校を創立したが、明治四五年（一九一二）、「医術開業試験制度」が廃止されるに伴い、岩手医学校は閉校となった。だが、俊次郎は再び、医育教育を始めたいという思いを抱き始めるのであった。

大正八・九年（一九一九・一九二〇）の政府の文教政策は、医学教育は〈大学〉で行われるべきとの方針が採られ、医学専門学校には不利になった。ところが、この施策は実情にそぐわないものであった。度重なる戦争により多数の医師が養成されなければならなくなった。修業期間の短い医学専門学校卒の医師が多く養成されるようになったことから、逆に全国では医専設立の気運が高まっていった。

大正一四年（一九二五）、俊次郎は県の衛生課長を通じて幾度か文部省に問い合わせた。医学専門学校設立の申請にまで何とかこぎつけたく、医学校開校の夢を再び実現させたかった。その頃、文部省普通

▲「岩手医科大学1号館」

学務局に岩手出身で母キヨの遠い姻戚にあたる者が勤務していたおかげで、首尾よく事務手続きが進められた。極めて好都合だった。

俊次郎に対して様々な支援をしてきた義父三浦自祐（明治四五年没）は、その時すでに亡くなっていたことから、今度は義正が物心両面において、今まで以上に俊次郎に協力することとなった。

「俊次郎、専門学校の認可をもらうには施設が貧弱すぎる。あんた（あんな）に汚く、狭くっちゃあ、認可されねじぇ」

「ん、だが、金がない」

そして、俊次郎は義正に励まされるのであった。

「何とかするから、やってみろ。力になるから」

義正は長男として弟の思いを実現させたかった。専門学校としての認可を何としても受けたかったから、俊次郎は兄義正の力を借りて、鉄筋三階建ての外来診療所を岩手病院に増築することにした。資金面では基本財産（保証金）として一五〇、〇〇〇円ほどが用意され、さらに必要となり、当時、呉服町にあった第九十銀行が積極的に協力してくれた（前掲：後藤英三著、一八八頁）。因みに、この銀行は事業金融を目的としたもので、経営陣は全員士族であった。この時期には経済界も士族が舵取りを行っていたという背景がある。そうして、大正一五年（一九二六）八月、現在の岩手医科大学一号館が完成した。鉄筋コンクリート三階建ての堅牢なものである。

「東大の定則の親仁《おやじ》でがんす」

文部省に交渉に行くため、俊次郎はよくテルを伴なった。自身は二等車に乗り、テルは三等車に乗せるのが常であったが、テルがひとりで汽車に乗るときには二等車に乗ることを許したというから、女性と連れだって歩く時の当時の微妙な距離をここに見ることができる。

そして紋付袴の出立《いでた》ちの俊次郎が文部省で、自身を紹介するのに自慢の息子の名前を出すのであった。気骨《きこつ》稜稜《りょうりょう》たる風格の俊次郎に文部省の役人も圧倒された。俊次郎にとっては心地よい瞬間だった。

「東大の定則の親仁でがんす」（前掲：後藤英三著、八六頁）

定則は旧姓を関と言い、士族の家の三男として育ち、明治三四年（一九〇一）、東京帝国大学を卒業した。明治三六年（一九〇三）には俊次郎とテルの間の養子となり、大正三年（一九一四）、医学博士を授与された同大学の教授となっていた。

鉄筋三階建ての病院建設中に、実は定則が腸チフスに罹《かか》り、東京帝国大学附属伝染病研究所附属病院

（註：明治二五年、北里柴三郎による大日本私立衛生会附属伝染病研究所が源流となる）に入院した。俊次郎は一カ月半の間、袴を解《と》くこともなく、横にならずに付きっ切りの看護にあたった。俊次郎も六八歳となり、体力に衰えを感じていた。それでも、生死の境をさまよう定則のことを放ってはおけなかった。血の繋がりはなくても、自分のかけがえのない息子としての思いが強く、盛岡から今野看護婦長を伴ない、駆け付けて、昼夜を問わず必死に看病した。一時、定則に激しい精神神経症状が表れ、ベッドから飛び降りるなどの状態が続いたとき、俊次郎はなだめるように定則の頭を優しく撫でた。

「さあさっ、定則、どうした。静かに休みなさい」

すると、喘《あえ》ぎながらも次第に落ち着きをみせた。やがて、俊次郎と今野看護婦長の手厚い看護により、定則は九月末に無事退院した。俊次郎と定則の関係は実の親子以上であった。小柄な定則は穏やかな人柄であった。三田家の家族を思い、養父俊次郎が亡くなってからは、俊次郎の長男俊定の息子光男を膝にのせて可愛いがってくれた日々もあった。

認可の通知と定則の底力

さて、医学専門学校設立の件は、当時誰もが具体化されるとは思わなかったが、俊次郎の意気込みに押されたのは明らかだった。中央で活躍する定則はじめ、俊次郎の恩を受けた多くの弟子たちも一致団結して協力した。東京の目黒の定則家に集まって議論を重ね、対策を練ったりした。長年、市会議員として勤めたときからの大矢馬太郎のバックアップも大きかった。そして、ついに己の信念を貫き通した俊次郎の不屈の精神の方が優《まさ》った。

財団法人岩手医学専門学校理事　三田 俊次郎
昭和二年十一月二十九日申請岩手医学専門学校ヲ専門学校令ニ依リ設置スルノ件認可ス
昭和三年二月十四日
文部大臣　水野錬太郎

右の通知が、現在の私立岩手医科大学設立に繋がるものとなり、昭和三年（一九二八）、「財団法人岩手医学専門学校」が誕生した。長年の思いが結実して歓喜にわいた。俊次郎は喜びを隠せなかった。

「おおっ、やっと認可されたじぇ」

「認可だ。認可…」

長い年月との闘いであった。

この岩手医学専門学校は、九州医科専門学校と共に最初に認可された医学専門学校である。俊次郎の医学教育への熱意、三田本家の資本力、三田定則周辺の人材の豊富さ、盛岡の向学的気風などが要因として挙げられ、その結果として認可されたのである。

ここで俊次郎は定則の底力を改めて知ることとなった。当時、定則は東京帝国大学医学部の教授で、養父俊次郎の医学専門学校設立への思いをしっかり受け止めて、自身が協力できるところがあれば積極的な協力を惜しまないという立場に立っていた。ドイツやフランスへの留学を経て、すでに世界的な血清学者として認められ、法医学における権威者としても名声を博していた。妻トミは著名な法学博士の妹であり、定則は多くの有識者に囲まれる環境にあると同時に、二五〇人にも及ぶ医学博士を誕生させた功績は高く評価されている。俊次郎に養子の定則がいなければ、岩手医学専門学校と、それに続く岩手医科大学はなかったかも知れないとさえ言われている。

後藤新平の激励と、岩手医学専門学校の優秀な教授陣

昭和三年（一九二八）四月に開校して二ヵ月後の六月一七日、後藤新平が来校し、「現代ノ医学」と題して講演を行った。医学にあっては学歴は二の次で精神が第一であると説いて、生徒たちを励まし、俊次郎に向けてはまた、称えて惜しみない言葉を投げかけるのだった。ボーイスカウトの団長（註：ボーイスカウト日本連盟初代総長を務めた）をしていた後藤の傍らに俊次郎が立つ写真がある。当時の男子の平均身長は一五八センチで、後藤は一六四センチだったという。俊次郎より大きく見える。

さて、岩手医学専門学校に付設する病院の院長には、九州帝国大学の佐藤三千三郎の就任が要請された。佐藤は当初、岩手に赴任することについて気が進まなかったから、月五〇〇円という高額な待遇を要求したところ、俊次郎は英断を下して、その待遇を承諾した。

当時、杉立院長の給料は月三五〇円に昇給していて、俊次郎は月二五〇円であった。佐藤は後に引くことができなくなった。結局、承諾し、遥々《はるばる》九州から赴任したのであった。しかし、同時に検討される

▲「岩手医学専門学校教室前にて」（後藤新平記念館所蔵）／中央が後藤新平、隣が俊次郎

べき学校長兼任については、辞退した。このことから財団法人岩手医学専門学校の理事長を務める俊次郎が校長も兼ねることとなった。なお、事務長は定則の実兄で、元盛岡市長の関定孝に任された。

教授陣の整備にあたっては、東京帝国大学教授の三田定則のほか、九州帝国大学や東北帝国大学、それに満州医科大学の教授たちが就任した。だが、時に俊次郎との間で、推薦のあった教授の給与をめぐってトラブルが起きたりした。よく検討したうえで承諾の連絡をくれるようにと、ある教授から俊次郎へ怒りの手紙が届いたときもあった。俊次郎は表面的には実直に見えるが、結構、肝心なところでは話を変えたりする。金銭の遣《や》り繰《く》りが大変なところでは、どうやらそのようなところが見え隠れした。

大部分の教授たちが専任という雇いであることから、岩手医学専門学校への熱意が感じられるとして文部省の受けはよかった。その後、数回にわたり文部省による視察があったが、常に国家試験の成績も悪くはなかったから高い評価を受けた。優秀な教授陣の層の厚さによるものである。

颯爽と自転車に乗る

俊次郎は内加賀野の自宅から与の字橋を渡って病院まで、当時、盛岡では珍しかった婦人用の自転車で通っていた。かつて、東京に遊学したときに見かけた二輪車が気に入っていた。紋付袴の出立《いでた》ちで、チリンチリンとベルを鳴らし、颯爽と自転車をこぐ姿に自動車までも道路脇に寄って俊次郎を先に通したという。袴の裾がタイヤに絡まり、危ないこともあった。俊次郎は、横文字はあまり得意ではなかったが、西洋の文化や産物は嫌いではなく、むしろ新し物好き屋であった。

盛岡で初めて自転車を使用したのはアメリカ人の宣教師で、彼がそれに乗って市中を巡るとき、人々の好奇の目は奇妙なかたちの二輪車にくぎ付けになった。明治三四年（一九〇一）、市に登録された自転車の数は一七台であったが、このなかに俊次郎のものも登録されていたかも知れない。やがて、自転車が盛岡の庶民の足となるのも、そう遠くはなかった。

晩年、足腰が弱くなってからの俊次郎は、自転車の代わりに人力車を使用するようになった。特注の人力車が病院に着くとすぐに、事務、医局や薬局の職員、そして看護婦等が招集され、「八時会議」が開かれた。この八時会議は一日の始まりとして、職員に向けて経営理念の徹底化を図るためのものであった。杖をつき、一同を引き連れて広い学校と病院を巡り、無駄を省くよう細かいところまで指示して歩いた。

エレベーター付きの五階建の建物に、電話は病院事務室に一本しか架設されていなかったのは、運営経費として一銭たりとも無駄にはできなかったからであり、また、つまらないことが外部に漏れないいためとの理由付けもなされていた。俊次郎は人事については大雑把な金の使い方でありながら、節約できるものについては妥協しなかった。それに、学校経営のみならず、卒業生から職員の就職、下宿、結婚の世話までやっていたというから、

「この病院で一番早く出勤するのは私で、夜一番おそく帰るのも私だ」（森荘已池編著『岩手医科大学四十年史』）

というのも、大袈裟な話ではないだろう。大胆であり細心な、かつ独断的な経営手腕が発揮された。

5　来盛の新渡戸稲造から激励される

新渡戸稲造の激励

昭和三年（一九二八）一〇月五日、農学博士新渡戸稲造が一一年ぶりに盛岡を訪れ、義正の経営する岩手中学校で講演する機会が設けられた。

稲造はクラーク博士のもとで札幌農学校時代に学び、そのときキリスト教に感銘して洗礼を受けた。クリスチャンネームは「パウロ」である。明治一七年（一八八四）には米国東海岸のジョンズ・ホプキンス大学に留学を果たし、その後もヨーロッパで勉学を続け、その帰途、米国のクエーカー教徒のメアリーと結婚した。メアリーとの結婚により、日本精神や道徳についてメアリーやその家族にも伝える必要に迫られ、そうして書き上げられたのが『武士道』であった。英語版が発行された明治三三年（一九〇

○）は日清戦争で勝利を果たした日本に、メアリー周辺の米国人の関心は特に高まっていた。そして、日本語版が発行されたのは明治四一年（一九〇八）、日露戦争に勝利し、終結して三年後のことである。強い日本への世界の関心はさらに高まりを見せていた。稲造は、

「何でも物事を始めるということは、いわゆる創業難で容易なものでない。ことに邦人は人のやることを好意をもって見ない。彼は売名のためにするのだろう、彼は何かためにするところがあってもくろんだのだろうというように、何事も常に邪推、ちょう笑、ののしりをもって迎える悪い癖がある。そんなわけで、だれも金銭をなげうち心力を尽くし公共事業などに取りかかることは自然嫌になる。しかるに三田氏は、そんなことにとんちゃくせず百難を排し、この教育事業を創成したことは、その人格に偉い奥ゆかしいところがあるからである」と義正を称えた。（前掲：藤井茂著、一五四～一五五頁）

▲「岩手病院にて」（提供：盛岡市先人記念館）／左が新渡戸稲造、右が俊次郎、後ろ佐藤三千三郎院長

明治期には武士階級は消滅したが、それは引き続き、士族階層へと移行し、思いは残存した。武士への感傷的な詩情が稲造の心を専有し、旧藩士子弟としての強い繋がりを意識せざるをえなかったのか。稲造が伝えたかったことは、この岩手の地でパイオニア精神をもって事に臨むのがいかに困難かということであり、自身の労苦と

重ね合わせた感慨深い稲造の言葉に義正は何度も頷き、この上なく感激したのである。

稲造、腹痛で岩手病院に入院する

稲造の曽祖父、兵法学者の新渡戸維民《これたみ》が藩の政策に反対したとして、文政三年（一八二〇）、現在の青森県下北郡川内町に流され、誤解が解けるまでの六年間をそこで過ごした。盛岡を訪れた稲造は、その苦難の地に足を向け、寂寞《せきばく》たる光景に昔日《せきじつ》を思いやった。

その夜、旅館に戻った稲造は、腹痛に襲われて下痢が止まらなくなった。翌日も症状は治まらなかったから、東北本線に乗って盛岡に着き、岩手病院に駆け込み、入院した。幸い大事に至らず、三日で退院することができた。稲造と俊次郎の後ろに、佐藤三千三郎院長が白衣姿で立つ写真が残されている。岩手医学専門学校に認可されてから間もなくのことである。

義正の「質実剛健」の気風を養成する岩手中学校と、俊次郎の「医は仁術」を提唱する岩手医学専門学校を目の当たりにして、稲造は郷里の著しい発展ぶりに安堵し、帰途につくのだった。

6　独自の流儀が事業発展に結びつく

人をもてなす交際術と節約法を育む

さて、俊次郎は人をもてなすことを喜び、自身の楽しみにしていた。それはテルによる簡単な洋風手料理でもてなす方法であった。自宅に病院や学校の関係者や友人たち、さらには学生や書生を招いて談笑することを好んだ。甘党の俊次郎は酒豪の義正とは異なり、酒は飲まなかった。だから、酒好きの客が訪ねてくると、自身は卵酒にして、客には美味な酒を振る舞った。外で接待すれば必要以上に経費がかかる。進歩的なテルは料理も洋風なものを得意とした。

特にバターを使ったオムレツを得意としたが、このバターは北海道の義正の牧場で作られたものだったのかもしれない。家庭料理で、しかもモダンな洋風料理であれば話題性にも助けられて、座が明るくなろうというもの、俊次郎の接待術である。

俊次郎は西洋風の家庭的なもてなしを好んだが、義正は花街の料亭を好み、接待のまま帰らない日が数日続き、妻サメを心配させることがよくあった。京都や大阪に出かけると何日も帰らないときもあり、仕事がひと段落すると、義正の行動が予測されるのも珍しくはなかった。人との付き合いにおいて、義正の華美な印象とは対照的に、俊次郎は控え目であった。しかし二人共ハイカラ嗜好であった。

その頃の俊次郎の身辺は質素極まるものという評判が定着していた。昼餉《ひるげ》は常に見習い看護婦とおなじ一汁一菜であったことから、来客があれば、客をもてなすという理由でいつもより美味なものを食することができる。来客のもてなしは、頑固一徹の俊次郎のささやかな食に対する欲求への、微笑《ほほえ》ましい言い訳と受け取れる。

後年、俊次郎の息子俊定も岩手医科大学の要職についているとき、大晦日の一週間前から、伝統的な御節《おせち》料理の仕込みが始まった。年始の来客のもてなしは、三田家の恒例行事として女中をはじめ、家族の女たちの手伝いは欠かせなかった。談笑に始まり麻雀や囲碁が興じられ、その間に酒が運ばれ、茶漬けで終わるコースに数時間が費やされる。そして、客の入れ替わりがあり、次々に挨拶に来る教授陣や親戚などの接待に、女たちは新年を祝う余裕もないほど立ち働かなければならなかった。最近に至るまで、もてなしの心は受け継がれ、それを喜びとしていたが、それは俊次郎以来の三田家の伝統となっていた。

質素な生活信条と、謹厳でつつましやかな生活

このような質素な生活信条を抱く俊次郎の周りには、贅沢《ぜいたく》なものは何ひとつなかったうえ、モノが理由もなく処分されることはなかった。雑多なモノは豊富にあって、それらは金銭に変えられるようなモノではなかった。そのようなものを大切にしていたのかどうかは分らない。手紙、葉書、名刺、季節の挨拶状、今でいう薬や書籍のダイレクトメールの類、雑誌類、領収書、通い帳、三田眼科医院の診療記録、新聞紙や包装紙など全て捨てずに取っておかれた。包装紙、使用済みの熨斗紙《のしがみ》、広告や芳名帖に至

るまで裏を返して紐で閉じ、雑記帳として使用された。患者から返却された投薬瓶の類も数一〇年にわたって蓄えられてあったのが、戦時中に投薬瓶欠乏を救ったことはよく語り継がれている。

日々の暮らしのなかで、俊次郎は権力、地位、名誉あるいは物的資財を追い求めることはなかった。ひたむきに求めたのは、岩手の貧しい医療からの脱却である。謹厳でつつましやかな生活は、医療施設建設のために蓄財することが求められたからに過ぎない。俊次郎は個々の困窮者に金を恵む余裕はなく、蓄財した金を活用して、地域社会に医療施設を建設して衛生環境の整った地域の構築を、まずは目指したのである。医療や教育関係の役員は快く引き受けた。俊次郎は明治三四年（一九〇一）に初めて市会議員に出てから二三年間も政治に携わったのは、何とか医育教育や地域の医療改善を具体的に進めたいと思ったからのことで、一介の医者が市会議員に出続けることは確かに意味のないことなのである。

俊次郎は種々の事業を起ち上げていったが、その建物は旧家屋の移築によるものであった。事業を進める建物について、最初は必要とされる最小限度のものからスタートして、徐々に拡大、あるいは新築すべきという考え方が基本となっていた。そうでなければ、困窮の生活から一大事業を起ち上げるまでにはならない。俊次郎はしばしば周囲の者に言って聞かせた。

「不時の収入だからこそ収入と考えないで、そのまま貯蓄するのだ。こうした際に浪費するか否かが産をなすか否かの岐路である」（前掲：後藤英三著、二五二頁）

恩師河本重次郎の影響

母キヨは俊次郎が岩手病院を経営しているとき、時折り訪れ、使い古しの雑巾《ぞうきん》を見つけると、その杜撰《ずさん》さを叱った。そして、それを自宅に持ち帰って洗濯し、再生できないものだけ屑屋に売った。俊次郎もキヨのやり方に倣《なら》い、使用済みのガーゼなどは洗って再利用させた。とにかく、

「ケチと言われてもかまなわない。盗みとちがって決して恥じることではない」（前掲：後藤英三著、二四六頁）

として金銭に関しては自身の基準に基づいて徹底的に無駄を省き、役立てようとした。しかし、この辺の感覚に実は恩師河本重次郎の影響を見ることができる。河本の、

「貧乏だからとて決して卑屈になってはいけない。昔から偉い人は皆貧乏人の中から出てくるので、金持ちの中から出たことは聞いたこともない。人間は正直でさえあれば世の中に何も怖いものはないはずだ」（『東京大学医学部眼科学教室百年史』）

との話と根本は同じである。

俊次郎は着るものも極めて質素で、いつも同じ着物を着用し、擦り切れてから新しいものを新調するという具合だった。子どもの頃は、着物がワカメのようにザーザーと破け、袖がとれそうなものを着ていても平気で、一方、兄の義正は、絣の着物に羽織を着ていたというから性格によるものなのか、長男と次男以下の待遇の違いなのか。身なりに金をかけないという俊次郎の生き方は、この時期に定着したものなのだろう。当然、家庭内のことまで一切が俊次郎の意向で動いていて、家人の口出しを許さなか

った。ただし、自分が死んだら、好きなようにしていいと言ったというから、テルが家庭において口数も少なかったのは納得のいく話である。

吹雪の夜など歪んだ雨戸から寝床の顔や肩に雪が吹き込み、目が覚めた。古くて隙間だらけの家に住んでいた。食事も粗末であり、浮いた金を病院に回すことを始終、考えていた。明確な目標をもった俊次郎の、その生き方を肯定するような生活ぶりであったが、そのような生活にリサもテルも士族の家の厳しい躾《しつけ》により耐え忍ぶ美徳を放棄することはなかった。

テルによる家庭での孫たちへの躾も厳しいものがあり、他所《よそ》からいただく菓子は、すぐその場で開封することなく戸棚や抽斗《ひきだし》の奥に隠された。機会を見つけて、ご褒美と称して少しずつ分け与えられるのであったが、いつの間にか黴《かび》が生えて処分されることも度々《たびたび》であった。あるときは、蒲団を敷いてくれたことのご褒美として帯の間からそっとお駄賃を渡すなど、テルも意味のない金銭を孫たちに分け与えることはしなかった。

義正と俊次郎の金銭感覚に大きな違いはないが、社会的に、あるいは社交的にその違いに大差があった。あるとき、寄付金を頼みに来る者があると、感じよく迎え入れ、自ら署名をし、あちこちに推薦状を書いてくれる義正とは異なり、手堅い俊次郎はそのような依頼があるとあからさまに嫌な顔をして見せた。義正と俊次郎の対応は全く正反対であったが、どちらの寄付金も期待を裏切るほど少額であったという。

7　武士の精神をもって同盟休校騒動に立ち向かう

生徒側の授業ボイコット

岩手医学専門学校は昭和三年（一九二八）、無理に無理を重ねて、やっと学校設置の認可を得て開設されたため、資金不足から十分な施設と備品の準備が間に合わなかった。例えば、校舎の増築完成の遅延により病理解剖室での実習ができないこと、あるいは顕微鏡の台数が不足していることなどが挙げられる。

昭和五年（一九三〇）、生徒は学校当局に施設と備品の不備を指摘して授業をボイコットし、学校側と交渉を始めようとした。ところが、学校側は取り合ってくれない。それに加えて、卒業しても医師免許状を国家が与えてくれるかどうか分からない。生徒たちに焦燥感が募った。同年七月一一日、行動隊が組織されて生徒側は岩手県公会堂で集会を開き、ストライキ敢行が決意された。夏季休暇に入ってからは小グループによる動きはさらに活発化された。盛岡駅や郊外の駅に張り込んで、各生徒の帰郷を阻むという徹底抗戦の構えがとられ、勢いをつけていった。

院主である俊次郎の部屋は木造校舎の片隅にあり、炊事場と便所の近くだった。二階が騒がしくなるとゴミが落ちて埃っぽくなった。雨漏りがしなければいいという程度の部屋であった。襖《ふすま》の取っ手もとれていた。生徒は、この襖に毛筆で俊次郎の悪口を書くのだった。生徒たちは「一兇《いっきょう》二《に》奸《かん》を葬れ」という合言葉まで交わし、ますますエスカレートしていった。

一兇とは校長（三田俊次郎）で、二奸とは学校事務長と病院事務長を指していた。俊次郎は校長室の一角に「三田俊次郎之墓」と書いた紙片や声明書など二〇余枚を畳一枚分の額縁《がくぶち》にしてわざわざ見えるように置き、記者たちを招き入れた。年はとっていたが、俊次郎も負けてはいなかった。罵倒するような投書や声明文は記念になると言って飾っていたのである。一度怒れば、硝子戸も割れんばかりの大声を発するが、次の瞬間には極めて冷静に対処するのであった。

▲「岩手県公会堂」（昭和２年落成、平成18年登録有形文化財指定）

生徒側の要望内容

避けられない現状を心静かに受け入れて、とにかく落ち着かなければならなかった。死の局面に立つような場でも狼狽《うろた》えたりせず、冷静沈着を保つことが武士道に適うと自身に言い聞かせるのであった。

生徒側から出された要望書の内容は、概ね次の通りである。
（一）設備ニ関シテ不充分ナリト私共ノ

愚考致シマス諸点ヲ左ニ列挙致シマシタ。ソレラニ切ニ私共ノ考ヘマス事ガ根拠無キ事デ御座居マスナラバソノ根拠無キ点ニ関シ御親切ニ私共ニ御説明之労ヲ御トリ下サレマス様御願ヒ申上ゲマス

（省略）

（二）教授ニ関シテノ私共ノ質問ニ対シ校長先生ハ御親切ナル御答下サレマシタナレドモ次ノ不躾ナル質問ニ御考煩ハシ度イト損ジマス

（省略）

（三）附属病院に関スル件

（省略）

（四）東北大学トノ円満ナル協調ニ関シテハ左ノ諸件

（省略）

生徒側はさらに代表を文部省に派遣して直訴した。一方、学校側も文部省当局に事情を説明し、その判断を待った。緊迫した状況となり、マスコミも記事として取り上げた。俊次郎はストライキに入ったなどと騒ぎたてると、生徒たちは思い上がる。生徒たちが騒動を起こしたときは、ただ学校の規則で取り締まればいいのであり、第三者が介入する話でもないと力説した。しかし、このままでいくと廃校もあり得ると言い切り、生徒たちにとっても深刻な状況にあることを認識させるのであった。

生徒は校長の教え子で教え諭《さと》す必要があるのだから、第三者の調停などということはあり得ないと力説した。マスコミとの応答の切り替し方に、俊次郎の毅然とした態度が伝わってくる。しかし、連日のように新聞が書きたてるものだから、俊次郎は腹を括《くく》らなければならなかった。

俊次郎の決断、義正の心配、母キヨの死

まもなく俊次郎は、文部省は学校側に好意的であるとの感触を得て決断した。

「ストライキに関わった生徒四三〇名全員、無期停学処分とする」

究極の武士道精神に基づく〈言葉〉の強さは、志高く、己に打ち勝つ者だけが放つ独特の厳格さを有して、背筋が凍るような感じを与えた。校内至るところに緊張感が走った。

昭和五年（一九三〇）七月一七日付の「岩手日報」に、義正が俊次郎を案じて援護する言葉が掲載されている。


「誠に困った事が出来た生徒にも色々言い分があらうが舎弟の俊次郎の今日迄の苦心と言ふものも買って貰らはなければならぬ私は敢えて弁護するのでないがアレが病院経営して此に三十年随分やかましい事や世間から色々な事を云はれても意に介せず自家一身の小慾を投げすてゝ検素唯是れ事としあの汚たない家に三十年一日の如く唯だ今日の学校の大成を期すると云ふ目的の下に苦心して来た事は私は之を認めざるを得ぬ。世間ではあの学校が潰《つぶ》るれば宜いと云ふ考へなら別だが、公益

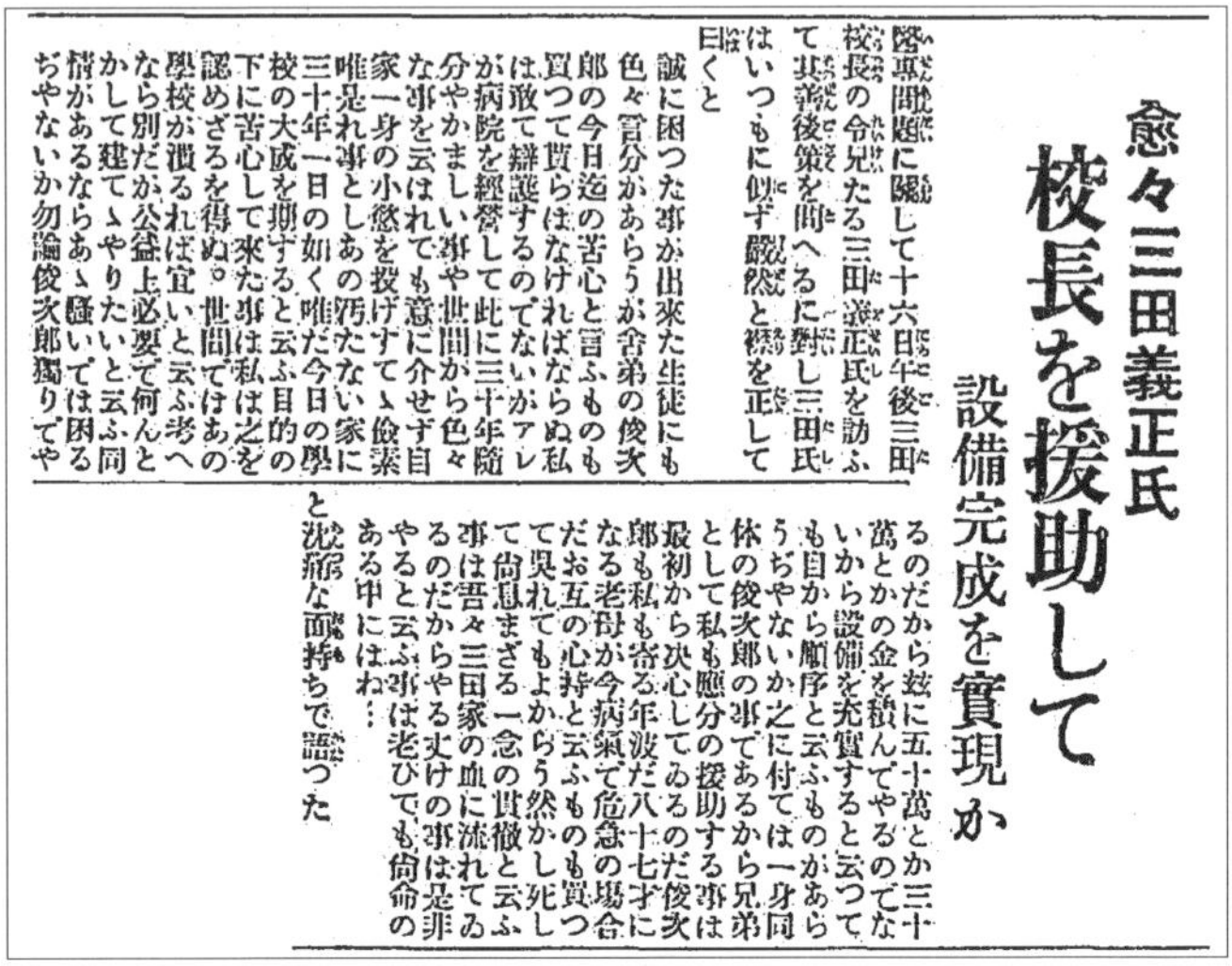
愈々三田義正氏
校長を援助して
設備完成を實現か

醫專問題に關して十六日午後三田校長の令兄たる三田義正氏を訪ふて其善後策を問へるに對し三田氏はいつもに似ず嚴然と襟を正して曰くと
誠に困つた事が出來た生徒にも色々言分があらうが舍弟の俊次郎の今日迄の苦心と言ふものも買つて貰らはなければならぬ私は敢て辯護するのでないがアレが病院を經營して此に三十年隨分やかましい事や世間から色々な事を云はれても意に介せず自家一身の小慾を投げすてゝ儉素唯是れ事としあの汚たない家に三十年一日の如く唯だ今日の學校の大成を期すると云ふ目的の下に苦心して來た事は私は之を認めざるを得ぬ。世間ではあの學校が潰るれば宜いと云ふ考へなら別だが公益上必要で何んとかして建てゝやりたいと云ふ同情があるならあゝ騒いでは困るぢやないか勿論俊次郎獨りでやるのだから茲に五十萬とか三十萬とかの金を積んでやるのでないから設備を充實すると云つても自から順序と云ふものがあらうぢやないか之に付ては一身同体の俊次郎の事であるから兄弟として私も應分の援助する事は最初から決心してゐるのだ俊次郎も私も寄る年波だ八十七才になる老母が今病氣で危急の場合だお互の心持と云ふものも買つて呉れてもよからう然かし死して尚息まざる一念の貫徹と云ふ事は吾々三田家の血に流れてゐるのだからやる丈けの事は是非やると云ふ事は老ひでも尚命のある中にはね…
と沈痛な面持ちで語つた

▲俊次郎を案じる義正の言葉（「岩手日報」昭和５年７月17日付３面）

上必要で何んとかして建てゝやりたいと云ふ同情があるならあゝ騒いでは困るぢやないか勿論俊次郎独りでやるのだから茲に五十万とか三十万とかの金を積んでやるのでないから設備を充実すると云っても自から順序と云ふものがあらうぢゃないか之に付ては一心同体の俊次郎の事であるから兄弟として私も応分の援助する事は最初から決心してゐるのだ俊次郎も私も寄る年波だ八十七歳になる老母が今病気で危急の場合だお互の心持と云ふものも買って呉れてもよからう然かし死して尚息まざる一念の貫徹と云ふ事は吾々三田家の血に流れてゐるのだからやる丈けの事は是非やると云ふ事は老ひても尚命のある中にはね……」（原文のママ）

兄の義正は一心同体として生きてきた俊次郎を慮《おもんぱか》って、医専問題の善後策について人々に理解を求めた。母キヨも危急にあり、世間の騒ぎを何とか鎮めようとの思いからであった。翌日の七月一八日にキヨは他界したのだが……。

このとき、文部省は学校側への理解を示していたことから、俊次郎は生徒へは強気の姿勢を貫きながら、父兄には丁寧な説明文を送るとともに生徒をなだめてくれるように頼んでいた。これ以上学校側に反抗するなら、断固たる措置をとることも付け加えた。

生徒一同から校長三田俊次郎に「陳謝状」が届く

生徒側は俊次郎の毅然とした態度と父兄による説得攻勢の板挟みとなった。生徒の間でも意見が分かれるようになり、やがて総崩れとなった。俊次郎は生徒との最後の交渉においても一歩も譲らなかった。学校はまもなく、七月二一日、約一週間ぶりに生徒の無期停学処分を解除した。父兄からは息子たちが迷惑をかけたとの詫び状が届いた。俊次郎の舞台は実に潔《いさぎよ》く締め括《くく》られたが、俊次郎の疲労は極限状態にあった。

此度校長先生始め学校当局に対し　一方ならぬ御迷惑相掛け種々御心配相煩はし候事　其原因する処全く私共生徒の不明誤解に基づける過失にして　誠に遺憾に堪えざる処に御座候　滋に生徒一同恐縮の意を表し謹而陳謝仕候　尚左記条項の総ては生徒一同の浅慮不才に出で候次第　今後は決して斷る事無きを誓ひ此際特に御寛容被為下度願上候

（十一の条項省略）

右は昭和五年（一九三〇）七月二五日、生徒一同から校長三田俊次郎に届いた「陳謝状」の一部である。だが、この騒動は結局、学校当局を動かすこととなり、校舎増築の件および機械器具の見直しが図られることになった。生徒たちにとっては無駄な行動にはならなかった。同年一二月には、ストライキ収束の報告と生徒への修学修業に努力するよう協力を願いたい旨の通知文が、生徒保証人宛てに送付された。

因みに、この時点から遡《さかのぼ》ること一五年ほど前、岩手の中学校において、ストライキが頻発した時期があった。大正五年（一九一六）の盛岡中学校（現、盛岡第一高等学校）、大正六年（一九一七）の一関中学校（現、一関第一高等学校）、同じく大正六年（一九一七）の福岡中学校（現、福岡高等学校）による教諭や校長の排斥運動などがあった。思想的、あるいは経済的なものが起因しているわけではない単純な動機からなっていたもので、結局、全て学校側と生徒の話し合いに父兄も加わり、生徒側の謝罪をもって事態の収拾が図られた。時代の風潮と理解したい。

文部省から医師免許状が無条件で交付される

この学生ストライキが勃発した翌々年、第一期生が卒業も間近に迫った昭和七年（一九三二）三月、文部省から医師免許状が無条件で交付されるという通知があった。資格指定の認定が下りたときには、学校全体が歓喜に満ち溢れた。教職員、在学生、卒業生が一体となって喜び、提灯行列をして盛岡市内を練り歩いた。七〇歳に達した俊次郎は人力車に乗り、至極の喜びで満たされるのであった。

俊次郎は言った。

▲「俊次郎古稀祝」（三田家所蔵）

「こんた（こんな）に嬉しいこと今までながった」

「学生たちも、うんと（大変）喜んでる」

「岩手医専、バンザイ、だな」

岩手医学専門学校設立以来、四年の間、理事長室で寝泊まりして経営に携わってきた。第一回の卒業生を送る式辞のなかでも、約四〇年間、医事衛生に関わってきたが、実現が難しい無試験検定で医師免許が得られることになって感無量であるとの言葉を残している。


専門学校の開設認可は、時局の趨勢とも相まっていた。昭和二年（一九二七）九月には満州事変が勃発して、軍事下のもと多数の医師が確保されなければならなくなった。国は医科大学を卒業する者にのみ医師免許を交付するという方針をとる一方で、むしろ医師を養成することが急務となり、逆に医専の設立が促されることとなり、俊次郎にとっては天が味方をしてくれたとの思いであった。

武士道精神の残る明治の人の「教育方針」

さて、俊次郎の教育方針は相変わらず厳格であった。岩手医学専門学校を卒業する際には、生徒を甲乙丙という成績順に新聞紙上に発表していたことに関して、同盟休校騒動の四年後、昭和九年（一九三四）三月二二日、卒業生有志から意見書が届けられた。

自らの可愛い子供を社会に送るのに、差別を付けて新聞紙上に公表する親は決して真の親ではない。病院勤務の際にも患者や看護婦から侮蔑の眼で見られ、社会に第一歩を踏み出そうとするときに、すでにハンディキャップが付けられてしまうことはあまりにも残忍である。校長として卒業生に対しては慈愛の眼をもって社会に送り出せば、卒業生も蘇生の意気込みで真剣に活動する。在学中であれば、成績順に並べることは刺激となるものの、社会に出るとき、点数で人を評価することは親の心としては絶対に考えられない。（以下、略）

前述のストライキの名残である。校長も人の子の親であるなら、子どもの将来に支障が出るようなことはやめて欲しいという願いである。俊次郎の教育方針としては生徒の生活態度には極めて厳格なものがあったが、教科の成績についても決して緩くはなかった。生徒が不祥事を起こして警察沙汰になったときの保護、あるいは落第が確定しそうになったときの弁護など老齢に達した俊次郎が、それこそ慈愛の眼をもって、それらに対処していた事実を生徒たちには知らされていない。

今回は、俊次郎の独断的経営が生徒の動乱に繋がると同時に、時代の変化への認識の遅れが、学校運営に綻《ほころ》びを見せた瞬間であった。学生から湧き出るフラストレーションに狼狽《うろたえ》もせず、真正面から対決する姿勢をとった。幕末から維新の動乱を生き抜いた俊次郎は、良きにつけ悪しきにつけ、まさに武士の精神の残る明治の人であった。

岩手医科専門学校の同盟休校騒動から二年後の昭和七年（一九三二）一一月、義正が理事長を務める「岩手中学校」においても試験の不正行為者に制裁を加える事件が発生し、五年生が同盟休校に入った。だが、学校側が処分を撤回したために数日で落ち着いたが、学校側と生徒が信頼関係を取り戻すには時間を要した。当時、岩手中学校は前任の校長が退いたあと、なかなか後任が決まらず、岩手医学専門学校の校長を務めていた俊次郎が、岩手中学校の校長も兼任していた。自身の学校のストライキを乗り切った俊次郎は、何とかこの場も治めたのである。

俊次郎がこのように学校運営に必死の努力を払っているとき、義正は盛岡の街づくりに奔走するのであった。

8　盛岡の近代的な街づくりに向け、義正を助ける

二万坪の埋め立て大工事

盛岡城の西方にある南部家の菜園全部を一括して払い下げるということを南部家の家令が言っていたと、池野三次郎が本家の池野藤兵衛の耳に入れた。大正一五年（一九二六）のことである。約二万坪である。池野藤兵衛は信頼している義正に相談することにした。義正は、

「いい機会だから払い下げを受け、埋め立てて市街地に分譲しよう」

と提案した。かつて原敬からは小公園設置を進めるよう助言されていたが、盛岡には繁華街が必要との思いから義正は市街地化の考えを変更することはしなかった。そのような計画で埋め立ては決意された。話はまとまり、池野三次郎、池野藤兵衛、義正の三人は南部家と交渉に入った。売買は田んぼの総面積二万坪に対して、価格は二五万円だった。菜園埋め立てについては規模が大きいことから盛岡市の市街地造成という公共性も加味され、株式会社組織にした。資本金一〇〇万円、会社名も南部家の土地の埋め立てということで、「南部土地会社」と名付けた。義正が取締役社長に就任し、常務取締役に池野三次郎、取締役に池野藤兵衛、小泉多三郎ほか六名、監査役に俊次郎ほか四名が選出された。昭和二年（一九二七）のことである。

翌三年（一九二八）一月から二万坪の埋め立て大工事が始まった。中津川と北上川が合流する落合で砂

利を採取して、菜園まで運搬するというものだった。レールを敷いてトロッコを走らせるのだが、機関車も必要になった。池野三次郎は専門技師を東京に連れて行き、機械や資材の買い付けに奔走した。東京でしか資材は調達できなくて大変な思いをしながらであったが、何とか埋め立てを完了させた。

さて、次に整備しなければならないのは道路である。そのようななかで、盛岡の人々は予定された舗装道路の広さについて噂した。

「道路がそんた（そんな）に広ぐなったら、向かいの人に挨拶、でぎなぐなる」

人々は道路の広さに不安を抱いたが、予定通りの道幅で、昭和四年（一九二九）には大通りと交差する内丸通りが完成した。まもなく、南部土地会社により周辺の土地の分譲が開始されたが、なかなか買い手はつかず、人々はこれについても噂した。

「埋め立てたどご、雨が降るど水たまりがでぎ、やぶ蚊がいっぺぇ出るっつ」

「雨、降るど、すぐぬかるんで、長靴はかないど、歩げねぇ」

当初、埋立地は雨が降るとすぐぬかるんだ。汲み上げる井戸水にも砂が混じって手立てを講じることも難しかったが、そのうちに簡易水道ができて、何とか凌《しの》げるようになったものの不具合は長く続いた。

原誠の貴重な助言

この盛岡を市街地化する計画については、東京麻布区新堀町（現、港区南麻布二丁目）に住む原敬の弟で四男の誠がよく相談に応じていた。昭和六年（一九三一）春のことである。誠は映画館通りに複合ビルの設置案を出していた。四階建てのうえに総ガラス張り意匠性の高い八角塔を設置する。そこから、岩手山、南昌山、多々良山、城址、汽車の出入など、盛岡市内外が一望できるような建物である。その建物の一階は、銀行、郵便局、各種の会社や呉服店など、二階・三階は南部土地会社、ガス会社、事務所、食堂など、四階は講演、活動、会議、集会、雅会、諸披露目などの用途として、貸出したらどうかという案を出している。

原誠は、この時点では南部土地会社の監査役を務めているが、若い頃は商社マンとして上海に赴任し、活躍している。新しい街がどのようにつくられるべきかを助言するのであった。娯楽場が必要であり、舗装して植樹し、そのうえ道を照らす街灯も設置すること、また美観も大切であると、俊次郎ら役員に意見を率直に手紙で伝えている。そのような提案は、若い頃、東京と盛岡の落差を知らされた義正にとっては貴重な助言だったに違いない。

しかし、映画館の設置についても反対する意見が出た。

「映画館…。環境、悪ぐなんねぇが」

映画館のような興行ものの設置は水商売だと反対する向きもあった。だが、そのようななかで義正が考えたことは、東京に住む者の意見を優先するということであった。リスクはあった。だが、義正はいずれ、広い道路には車が走るようになり、人々は映画を通して新しい世界を知ることになり、豊かな活力ある盛岡の街が生まれると信じていた。菜園を人の集まる賑やかな一角にする策として、一度も映画を観たことのない俊次郎も義正の意見に同調するのだった。原誠の助言は義正の胸にしっかりと収めら

▲三田義正を顕彰する「開町之碑」

れ、計画は実行されていくのである。

昭和六年（一九三一）、道路の一部がアスファルトで舗装され、街路灯が設置され、銀杏並木も配置された。昭和一〇年（一九三五）には、映画館も設置された。事実、開館した中央映画劇場は大繁盛となり、その通りは今では車の往来が激しく、狭すぎるぐらいとなった。

俊次郎は自身が経営する岩手医学専門学校の過激な学生ストライキに身を傾けながら、盛岡の市街化計画にも協力を惜しまなかった。同時に、母キヨも他界した。過酷な事態を迎えていた。義正は俊次郎の様子を心配しながらも、学校のことは俊次郎に任せるしかなかった。俊次郎も市街化計画については、義正の意向に従うだけだった。この局面を乗り切るには、お互いをただ信頼し、献身的に協力し合うことだけだった。

第６話　医事維新を貫く

1　義正の潔い死を悼む

義正、生き方も大胆であれば、死に方も意表を突く

昭和一〇年（一九三五）一二月二五日、岩手奨学会の法人役員会に、

「理事長は風邪気味なので会議は欠席する」

という連絡が突然入った。開催時刻がすぎてからのことである。理事長の義正はそのとき、床に臥《ふ》せっていたが単に風邪だと侮《あなど》っていた。ところが、医師の診断によると、発作を伴う心臓性喘息とのことであった。そのときの様子が、

「看護婦の今野八重女《やえめ》が俊次郎に命じられて、義正の手当てに行った。そのとき、義正から『ボーナスはもらったか』と聞かれた。『まだ、頂いておりません』と応えると、『それではだめだ。俊次郎は一文惜しみの百文知らずだ。ボーナスというものは、パーッとやらないとだめだ。人の心をつかめなくてはいけない。金がないなら、貸してもいいからやれといっていたと俊次郎に言いなさい』と言われた」（森

荘已池編著『岩手医科大学四十年史』）

と記されている。

病床にあっても俊次郎のことを心配したのは、このときであったかどうかは分からないが、義正は俊次郎の経営状態を常に気にかけていたのは確かである。

ダイナマイトをも跳ね付けるほどの勢いで生きてきた義正に怖いものはなかった。病気すらも退散していくはずであった。だが、現実を受け止めねばならず、わずかな時間に病状は悪化し、家族の者たちの心配も増幅していった。二八日に義正はこう言った。

「君、生まれるのは簡単だが、死ぬのはなかなか楽ではないぞ」（前掲：藤井茂著、二〇七頁）

三〇日の夜、義正の喘ぎは一層激しくなり、俊次郎や妻サメをはじめ、周囲の者たちにも人間の無力さを感じさせるほどになっていた。義正ほどの強靭な人間が、起き上がることができないなどということは、冗談な話に過ぎないと思いたかった。万が一ということで、北海道から弟の道次郎夫婦も駆け付けていた。別れを充分語り合ったという義正の言葉に周囲は涙を抑え、ただ、なだめるかのように頷《うなず》くばかりであった。

大晦日の午後六時頃から義正の呼吸は途絶えがちになった。そして、午後八時一五分、あえなく七五年の生涯に幕が下ろされた。生き方も大胆であれば、死に方も意表を突く。義正らしい幕引きとしか言いようがない。まもなく、除夜の鐘が鳴り響き、義正の死を悼むように、その音は深く人々の心に沁み込んでいった。

義正と俊次郎は人材育成家、教育家、事業家

葬儀は盛岡市内の九昌寺で営まれ、父義魏と母キヨが眠る傍らに埋葬された。

俊次郎は兄を忍び、記者からの質問を受けて次のように答えたという。

「…始終一緒に話をしましたが兄は、私からみると不言実行の人でした。…努力家とでもいいましょう。小さいときから弟たちにも良くしてくれましたが厳格な人でした。死に際にも、お前たち一族はよく融和結束して仕事に努力し世のためにに尽くせ、と言っていました。これが唯一の遺言です」（前掲：藤井茂著、二一一頁）

義正と俊次郎は、しっかりと手を携えて大事業を成し遂げてきた。お互いを尊重し、時には競い合い、時にはお互いの倒れた身体を助け起こしながら、激動の幕末から昭和まで生き抜いてきた。義正はリスクを成功に導く手腕の持ち主であり、大胆不敵で野心家とも見える行動が魅力的であった。近代的街づくりに対する二人のねらいは、人々の心を豊かにする文化的な街と医事衛生の整った街というように、多少異なりを見せていた。

しかし、どちらも人材育成家、つまり教育家であり、事業家であることに異論を差しはさむ余地はな

く、人々の幸福な暮らしを願う気持ちは一緒であった。義正は俊次郎なしでは融資を得られなかっただろうし、義正なしでは俊次郎の事業も具体化しなかったであろう。義正と俊次郎の間には、盛岡を二人で留守にしないようにどちらか必ず盛岡に残るよう、遠くに出向くときの約束事のようなものが、いつの間にかできていた。総領として人一倍の自覚を持ち、一族の繁栄を願ってきた。俊次郎は義正をつくづくそう思うのであった。今まで、どんな辛い場面も独りで乗り切ることができたと思ってきたが、それは兄義正のお蔭であったことに改めて気付くのである。

二人の事業組織は極めて協力的連携を保ち、成果を上げた

前に述べたように、財政的に厳しくなってきた南部家は昭和九年（一九三四）、公園を財源の一部にしようと考え、その件について知事、市長、南部家の三者で協議する機会をもった。その結果、盛岡市は公園を一四、〇〇〇円で買い受けて管理することとし、県は市に買収補助金を出すこととなった。俊次郎はこの件についても協力することとなった。

市長は大矢馬太郎で、義正や俊次郎が若い頃、困窮の三田家から田畑を買い取ってくれた人物であるが、引き続き大矢市長は、俊次郎の借地に対して便宜を払ってくれるのである。俊次郎はかつて盛岡城の敷地の一角を南部家から借用して作人館中学校を建て、南部英麿を校長として迎え入れた。だが、当の中学校は大正一〇年（一九二一）に廃校となったことから、そのあとに俊次郎が経営する岩手高等女学校（盛岡実科高等女学校を改称）が、その校舎を使用していたのである。早速、俊次郎に対して南部家は、

校舎の明渡しについて通知してきたのである。

義正は昭和四年（一九二九）に、岩手中学校が設置されている大沢川原の校地と校舎を県から六〇、〇〇〇円で譲り受けた。その後、昭和一二年（一九三七）、義正はすでに他界していたが、大沢川原の校舎から現在地の長田町に移転することとなる。昭和一四年（一九三九）五月、義正の経営していた元岩手中学校校地および校舎建物を同じく六〇、〇〇〇円で俊次郎は買い取り、自身の財団法人岩手女子奨学会に寄付した。翌月、岩手公園下から現在の大沢川原への岩手高等女学校の移転改築費として再度、三五、〇〇〇円ほどを寄付して、移転を進めるという手続きを踏んだ。

俊次郎は卓越した人材育成能力を有しているが、事業の遣り繰りにおいてもその才を発揮したのであり、この件についても、二人の兄弟の事業組織は極めて協力的連携が保たれて成果に結びついた。もちろん、双方の政治的手腕や豊富な人的交流なくしては実現できなかったことは明白である。

２　医事維新の志士が逝く

杖をつきながら小股で前かがみに歩く姿

昭和六年（一九三一）の満州事変を契機に日本は戦時体制に入り、全国の医学校に在郷軍人分会が置かれるようになった。そして、昭和一二年（一九三七）七月、日中戦争が始まると同時に岩手医学専門学校にも在郷軍人分会が組織された。翌一三年（一九三八）には国家総動員法が公布され、軍事教練が必須科目となったが、さらに戦況が進むとカリキュラムにも野外軍事演習が含まれるようになった。学校の講堂では、その都度応召される教員や生徒の壮行会が開かれるようになり、同窓会誌には多数の教官や卒業生の応召された記録を見ることができる。

学校から戦地の満州に出征したある門下生の手紙が、古い箱の中から出てきた。戦地で負った怪我の様子を、満州国牡丹江省東寧県東寧病院から書き送ってきたもので、敵軍の銃撃を受けて重傷を負い、試験を受けに戻ることができないと訴えている。悲痛な叫びである。俊次郎はこれに対して、どのように対処したものだろうか。

このときは兄義正が亡くなって三年が経過し、恩師河本重次郎も同一三年（一九三八）四月に逝去している。俊次郎も七六歳となり老齢化もかなり進み、体力と気力の衰えを感じないわけにはいかなくなっていた。昭和一六年（一九四一）一二月から太平洋戦争が始まると、カリキュラムに戦時下教育をさらに色濃く反映させていくこととなった。

昭和一五年（一九四〇）頃から、俊次郎の歩行障害は著しくなり、杖をつきながら小股で前かがみに歩く姿が見られた。学校に出勤しても校長室で横になっていることも少なくなかった。俊次郎の息子俊定も晩年、杖を支えにちょこちょこと歩く同じような姿が見かけられた。脚腰が特に弱かったようである。だが、歩き難くても、立つことができる間は老体に鞭打って仕事に出かけたのも、親子で変わらない姿であり光景であることを知る人は少ない。

俊次郎は床に就き、定則が岩手医学専門学校の二代目校長に就任

昭和一六年（一九四一）三月の岩手医学専門学校の卒業式には、とうとう欠席したものの、産婆看護婦学校の卒業式には小さな踏段を設置してもらい何とか登壇し、卒業生に贐《はなむけ》の言葉を贈ることができた。だが、俊次郎はその年の一〇月からは床に就いた。最早、出向いて学校経営の指揮が執れる状態ではなくなっていた。

女学校の教育現場も戦争への協力が要請されるようになっていて、岩手高等女学校では昭和一三年から、兵士の慰問袋作製、出征兵士の見送り、帰還兵士と遺骨の出迎えが始まっていた。生徒が勉学できるような教育環境は遠のいていたが、テルは高齢の俊次郎を支えながら、女学校での教育にも全力を尽くす日々を送るのである。

同年（昭和一六年）の師走、すでに台北帝国大学（現、国立台湾大学）の総長を辞し、中央の医学界の役割を終えた定則が俊次郎の病臥のもとを訪れた。俊次郎は病床で学校経営の指揮を執っていたが、俊次郎の衰えが激しくなってくると、定則の岩手医学専門学校二代目校長就任への機運が高まりを見せてきた。

当時、岩手医学専門学校は医学教育と研究を遂行するには貧弱な環境であったことから、血清学の世界的権威者である定則ほどの人物にとって、専門学校の校長は役不足であると評する人たちもいた。この校長就任の要請は義正の長男三田義一とテルの義弟小泉多三郎に任された。その結果、定則は俊次郎への恩を忘れないほど高潔な人物であることが確かめられ、定則は再び、盛岡に戻ると約束して帰京した。

息子俊定との最後の対面

昭和一七年（一九四二）三月、俊次郎は再度危機的状態に陥った。北満州に応召されていた軍医の俊定もテルの手配で急遽、特別に呼び寄せられて帰国した。そのときは俊次郎も、元気を取り戻して小康が保たれたことで俊定は再び満州へと戻るのだが、これがお互いにとって最後の対面となった。

「お父さん、じゃ、戦地に戻ります」

「そうが。医者としてしっかり務めろ。ご苦労さんでやんす」

俊次郎は、すでに床から起き上がることができなくなっていた。テルは岩手女学校の校長や種々の公職にありながら、今野看護婦長と昼夜交代で付き添う日々が続いた。学校の仕事と看護で心身ともに疲れ果てても、テルは自身の決まった日常の仕事をひたすら守りぬき、不安を払拭するのであった。

医事維新の志士の勇猛な姿が、幼子のように軽く小さな身体に

そのような周囲の懸命な支えもあったが、意識の混濁が激しくなってくると、俊次郎は失禁の回数が多くなってきた。看護婦が俊次郎を背負い、用を済ませてから寝床に戻すと、またすぐに蒲団を汚す有様であった。そのようなとき、俊次郎は真顔で、もうすでに亡くなった先妻リサのせいにした。時折、リサを憶い出すようなこともあったようだが、後妻であるテルは何も言わずに受け留めるのであった。

あるときは、学校に行きたいと突然言い張ったりするものだから、看護婦の妙案で俊次郎を背負って

病室内をぐるぐる回る。そのうちに背中でうつらうつらとする。それを見計らって学校に着いたことにして、蒲団に寝かし付けるのだった。

「直道、直道さんはどごじゃ」

また、同志の直道のところへ行きたいとよく口走ることもあり、俊次郎にとって、いかに義兄の存在が大きかったか。俊次郎の流儀は人の理解を超えるときもあり、意見の衝突があっても屈しなかった。医事維新の志士として岩手の医療の貧しさを改善したく、直道とともにその改革に向けて身を削るように闘ってきた勇猛な姿は、今では幼子のように軽く小さな身体に変わり果てていた。

九月一一日の朝、俊次郎は突如、脳出血に襲われた。周囲が慌しくなり家族に死期が近いことが知らされた。

医家の美学が、永遠なる慈愛に昇華する瞬間

かつて、父義魏の晩酌に空腹に耐える子どもたち七人は、杯を伏せるまで晩飯を待たされた……。

なかなか目の前の食事にあり付けず、ザラザラした箸先だけが気になった。

中津川の川底のぬめりが心地よく、義正とよく遊んだ。

水面の光が義正の手にあたると、岩陰から笹舟が流れていった。

それを追うように小さな笹舟も流れていった。

……遠く幼い頃のささやかな日々が俊次郎の脳裏をよぎるのであった。

▲報恩寺「三田俊次郎墓」／左が先妻リサ、中央が俊次郎、右が後妻テル

二日後の一三日、午前四時、家族が見守るなか、人生に敢然と立ち向かった俊次郎に終焉が訪れた。すでに俊次郎の手は冷たく握り返されることはなかったが、表情が一瞬穏やかに変わって口元が緩んだ。

「困ってる人はいねが。病んでる人はいねが。ただで診てやるじぇ」

そう呟いたかのようだ。

医家の慈愛が、永遠なる美学に昇華する瞬間であった。

暁の仄かな光に吸い込まれ、俊次郎は静かに旅立って行った。

享年八〇、葬儀は北山の報恩寺で岩手医学専門学校葬として厳かに営まれた。

七四年前の楢山佐渡処刑のときの血痕が、まだ襖に黒く残っていたという。

あとがき

維新動乱のなか、藩士たちに与えられた屈辱的な処遇を、その恥辱を晴らしたい一心の子弟たちのなかに俊次郎と兄義正がおりました。二人の諸々の社会改革への勢いは、まさに父義魏《よしたか》から譲り受けた盛岡藩への深い敬慕の念に根ざすものでありました。

医事改革はひとりで行うものではなく、社会全体で行われるべきと考えた俊次郎は、行政を巻き込みながら力強く攻めていったのですが、義父である自祐から医者としての慈愛の心を受け継ぐとともに、実父である義魏から武士のもつ実践力を学び取って、博愛の精神とプラクティカルな考え方を併用して挑んでいきました。維新以降の盛岡には盛岡藩に対する忠義の精神が未だ残っていたことから、俊次郎は旧武士が携える悔しさをバネに、その同志たちの力を借りて具体的成果に結び付けていくのでした。もちろん、医学においても人格においても、俊次郎に多大なる影響を与えた帝国大学医科大学の河本重次郎の存在も忘れてはならず、河本は俊次郎をわずか一年半指導しただけでしたが、俊次郎を通して岩手に最先端のドイツ医学をもたらし、医事衛生を導いたと言っても過言ではない人物でしょう。

明治の岩手では、俊次郎らにより人材育成を改革の主軸とし、医事衛生に基づく地域社会の近代化に向けて基盤整備が進められましたが、一私人が、日本の辺境の地で医事改革に取り組んだところに大きな意味をもったと言えます。強力な支援者を惹きつける天性の魅力を俊次郎は持っていたと思われますが、義正、キヨとの声を掛け合いながらの舵取りも絶妙という他ありません。

盛岡藩の解体により心の軸を失った藩の子弟たちのなかには、同志として俊次郎に積極的に協力することを惜しまない原敬や新渡戸稲造を筆頭とした、当時、国を率いる傑出した人物もおりました。俊次郎は彼らを同志と仰ぎ見、心の支えにしておりました。東京で教育を受けたあと、郷里に戻り、岩手にそれを還元することを信念に生きた人々、あるいは生活や仕事上の拠点を東京に移しても、故郷である辺境の地、岩手の発展の遅れを懸念して常に思いを寄せた人々など、さまざまな背景をもつ人々の協力のもと、岩手の近代化は促進されていったのです。

南部家との接点についてみますと、父義魏以来の敬い慕う心が俊次郎にも育まれて変わらない忠義が尽くされ、継続されてまいりましたが、「作人舘中学校」設立時の校名がそのことを示しており、〈俊次郎を語る〉うえで蔑《ないがし》ろにできない部分かと思われます。後年、俊次郎も義正も、南部家に対しては原敬を介してその協力を惜しまなかったことからも明らかです。

諸事業における兄弟二人の強固な連携協力体制は〈見事〉と形容するほかなく、どちらが存在しなくても種々の事業は成功しなかったに違いありません。もちろん、そのほか北海道で酪農事業に従事していた三男道次郎や大正七年、ドイツのかつての留学先からレントゲン機器を購入し、送る手はずを整えてくれた四男で医師の源四郎の存在もありました。そして、三人の妹たちナホ、ミキ、サメや親族たちの温い支えがあったことも記さなければなりません。俊次郎は頑固で融通が利かない人物と伝えられておりますが、厳しくも温かい家庭環境による成育歴が、折々に柔軟な心情を垣間見せることで人間的な魅力を感じさせせております。

兄義正と俊次郎の事蹟を語るとき、その居住地から義正のことを「内丸の三田」と呼び、俊次郎のことを「加賀野の三田」と人々は区別していたようですが、今では、その事蹟から本家を「三田商店の三田さん」と分家を「岩手医大の三田さん」と区別して呼んでいるようです。今では俊次郎のことを知る方々もほとんど存命ではなくなり、昨年一〇〇歳を迎えた義母明子の記憶から、新しい話を耳にすることはできなくなりました。

俊次郎の生きた時代を逐う作業は、私にとって新しい発見の連続でした。平成二二年（二〇一〇）九月に、長女加奈と三田の倉庫を整理することとなり、古い書簡、名刺、書物、眼科医院の患者に関する書類、通い帳、契約書、講演や入学式における原稿、リサやテルの卒業証書などに触れる好機が訪れました。俊次郎、テル、定則をはじめ、太田時敏、冨田小一郎、清岡等、大矢馬太郎など当時交流のあった盛岡の政界、財界、教育界の方々との意見交換の書簡や通達文・連絡文などの類《たぐい》を手にして、まさに「時代の宝庫」との出会いに、このうえなく感激したのを思い出します。

しかし、当時の方々の筆書きの書簡を判読することは難解で、資料調査には長い時間を要しましたが、当時の盛岡藩士子弟たちの郷土愛が強烈に伝わってくると同時に、逸材たちとの距離が急激に狭《せば》まるのを感じる瞬間でもありました。そして、俊次郎が残した「リサ死去ニ付キ」という備忘録が黴《かび》と埃《ほこり》にまみれた箱から出てきたときには、なぜか鼻のあたりがツーンとして涙が頬を伝わったことを覚えております。質実剛健なる俊次郎の悲しみがそこから溢れ出てくるのを感じるとともに、先妻リサの死が本当に偽《いつわ》りのない辛い悲しみだったと察せられ、俊次郎の心情に触れられた貴い瞬間を経験させていただきました。

俊次郎の長男である俊定が理事長をしていた財団法人岩手済生医会から、昭和三〇年（一九五五）に後藤英三著『三田俊次郎先生伝』が発行されました。その発行に伴い、俊次郎の事蹟と人柄を描くために、当時、三田家で古い遺品などの調査作業が実施されたもようです。それをきっかけに、公開不要のものや公開不都合なもの、それにプライベートなものは仕分けされて箱の中に残されました。そこには、家族としての俊定の判断が働いていたものと思われます。今回、改めて残された「宝庫」のなかを調べ、俊次郎の新たな側面を見つけ出して、私なりの俊次郎像を描いてみようと思い立ちました。

俊次郎から発せられた言葉のいくつかに、今を生きる私たちが改めて認識しなければならないことが含まれているように思われます。明治維新を辿《たど》りながら、新渡戸稲造による武士の道徳「武士道」を描く規範となった当時の社会に思いを馳せながら、人の人生や歴史は儚《はかな》いものと安易に片付けるのではなく、探し求められた真実の、その継続を願い求めながら今を生きる努力をすることが大切である、ということを学ばせていただきました。

今年は明治維新から一五〇年の節目の年を迎えております。明治の人々が生きた時代は遥かに遠のきましたが、〈慈しむ〉という深い情愛はいつの世も変わらず人々の心の中に醸成されるものです。弱き人や小さき人に寄り添うことは心根が強くなければできないことです。地域を知ることで地域への愛情が深まることを信じて、岩手の医療の発展が、このようなシナリオで進められたことを知ってほしい、そして、広く、至るところで種々の人間の活動と繋がっていたことを理解していただきたいと心から願っております。

最後に、昭和三〇年（一九五五）発行の岩手済生医会による後藤英三著『三田俊次郎先生伝』、および平成四年岩手中学・高等学校の同窓会石桜振興会出版の藤井茂著『三田義正―人材育成と果断の事業家』を常に傍らに置き、十分に引用、参考にさせて頂きましたことに心から感謝申し上げます。存命する親族の記憶も定かではなくなり、この二冊がなければ、義正と俊次郎の人物像をさらにリアルに描くことは難しかったと思われます。

また、岩手医科大学小野繁名誉学長はじめ多くの方々から貴重なご助言、ご協力を賜るとともに、「社会福祉法人岩手和敬会創設五十周年」を記念して、拙著をお配りできる機会が得られましたこと、また、出版にあたりましては、大空社出版の西田和子氏・山田健一氏・割田剛雄氏（国書サービス）等にお世話になり、さらにスタッフの皆様に丁寧にご対応頂きましたことに、深く感謝申し上げます。

私を陰で支え、数々の情報を提供してくれた医師で研究者の夫光男、並びに調査の補助をしてくれた研究者の長女加奈と次女奈穂、それに私の健康を常に気遣ってくれた医師の長男光慶と、完成した本を手に最大限の喜びを分かち合いたいと思っております。

なお、文中の会話は後藤英三氏並びに藤井茂氏の前述の著作物からの引用以外に、私自身の創作によるものであることをご了承ください。著述にあたり、多くの資料を手元に可能な限り事実を調査し、確認しながら進めてまいりましたが、誤認、誤記も出てくることは否めません。ご寛容のほど、宜しくお願い申し上げます。

平成三〇年春

著者　三田弥生

資料

1 眼病者心得

回明堂　三田眼科医院

眼病ヲ煩フテ治療ヲ乞フ人ノ為メニ注意スベキ事柄ヲ口演ニ代ヘテ

一、眼病者ハ常ニ精良ノ空気中ニ浴スルヲ良トス故ニ多人数郡居ノ所ヲバ勉メテ避ケ時々新鮮ノ大気中ニ逍遥スルヲ肝要トス

二、誰ニテモ身体ヲ清潔ニスベキコト勿論ナレトモ時ニ小児等手ヲ以テ病眼ヲイヅリ常ニ不潔ナラシムルノ患アル故ニ時々顔面及び手ヲ洗滌シテ常ニ清潔ナラシムルヲ宜シトス

三、眼病ノ時ニハ免角痒瘙アル故気ヲ揉ンテ眼瞼ノ上ヨリ眼球ヲ圧迫シ或ハ之ヲ摩擦スルモノアレトモ是ハ大ナル害トナル故務メテ為サシムベカラズ「一丁オ」若シ小児等ノ頑是ナリシヲ忍耐シ得サル者ニハ仮リテ繃帯ヲ為サシムベシ

四、塵埃ノ立ツ所ハ接間モ直接ニモ害アル故成ルベク之ヲ避クベシ又戸外ニ在リテ眼鏡ヲ用ヰル時ハ

大ナル円形或ハ貝殻形ノ眼鏡ヲ最良トス砂眼鏡ハ却テ宜シカラズ

五、薫烟ハ総テ害アル故炊事場若クハ薫烟ノアル室内ニハ居ルコトヲ厳禁ス可シ又烟草ノ烟ハ眼ヲ刺戟スルコト甚シキ故来年嗜好セル者ニテモ可及的禁止スル必要トス常習止ミ難キ時ニハ空気ノ流通ノ宜シキ所又ハ［開］濶ナル所ニ於テ長キ烟管ヲ用ヰベシ二丁ウ」

六、烈風ニ眼ヲ撃タシムルトキハ健康ノ者ニテモ眼病ヲ招来スルノ基トナルコトアリ況シテ眼病中ノ者ナドハ極メテ大害アル故風日ニハ務メテ戸外ノ歩行ヲ禁スベシ若シ不止得トキニハ大ナル眼鏡ヲ用ヰテ風勢ヲ遮ギルコトヲ緊要トス

七、爛光ハ凡テ眼ヲ刺戟スルコト最モ甚シキ者故爛光洋灯電気灯ノ如キ明光ノ前ニハ暗色ノ紙若シハ布ヲ垂レ光線ヲ遮ルベシ又天気晴朗ニハ暗色若シハ黒色ナル覆眼布或ハ眼鏡ヲ用ヰテ激烈ナル光線ヲ遮ルヲ要ス眼病中用ヰベキ眼鏡ハ凡テ晴色ノモノヲ最良トス是レ物体ノ光沢ヲ失フ事ナリ単ニ光線ヲ柔鈍ナラシムルノ性アルガ故ナリ二丁オ」他ノ色眼鏡ハ却テ眼瞳ノ刺戟ノ患アリテ宜シカラズ

八、眼病中ハ猥リニ眼ヲ使用スルコトハ至テ宜シカラズ軽症ノ者ニテモ即時ニ其疲労ヲ感スルコト少ナキヲ頼ミテ過饒労働ヲ営ムトキハ知ラズ識ラズノ間ニ病勢ヲ増進セシムルノ患アル故ニ最モ注意シテ節省スベシ読書筆記夜眈シ其他視力ヲ要スベキ精密ノ作用ハ凡テ眼病ニ宜シカラズ厳禁スベシ

九、長ク頭ヲ垂下スルコト高話ヲ為スコト歌フコト襟巻経久堅ク巻キ居ルコト究屈ナル衣服ヲ用ヰル

コト等ハ眼病ノ害物トス宜シク注意シテ二丁ウ」避クベシ

十、各種ノ酒（清酒、濁酒、洋酒共）芳香性ノ飯料及ビ辛料等（例之蕃椒、芥子、生姜、胡椒、山葵、山椒）凡テ血液ノ循環ヲ増進セシメ或ハ営養機ノ刺戟ヲ促スモノヲ用ヰベカラズ三食共消化シ易キモノ小量ニ用ヰベシ又飽食モ固ヨリ害アレトモ従来ノ如ク厳酷ノ禁食ヲモ却テ害アリトス且ツ食後直ニ臥床ニ就クハ宜シカラズ

十一、健康者ハ常ニ眼鏡ヲ用ヰザルヲ宜シトス眼病者ニハ不止得シテ用ヰシムベキモノナルガ世間ニハ健康者ニシテ濫リニ眼鏡ヲ用ヰル者アリ或ハ眼病者ニテモ不適当ノ眼鏡ヲ誤用シ夫レガ為メ却テ眼精ヲ徒三丁オ」労シ或ハ視力ヲ障碍シテ益々病勢ヲ増進セシルモノ少シトセズ不注意モ亦甚シト云フベシ止ヲ得眼鏡ヲ用ヰントナサバ必ズ先ヅ医士ノ判定ヲ乞ヒ或ハ視力保護ノ為メカ或ハ補正ノ為メカ其判定ニ由リテ適当ノ者ヲ撰用スルヲ専一トス

十二、眼病ニ罹リタル時ニハ病性ノ如何ニ拘ラズ必ス先ヅ冷水ヲ以テ洗滌スルヲ無二ノ良法ト信ズルハ世間一般ノ状態ナレトモ期ハ大ナル過ナリ蓋シ病性ニ由リテハ冷水ヲ用ヰテ宜シキモノアレトモ実際ハ温湯ヲ用ヰベキ者多クシテ冷水ヲ禁スル者少シトス例ヘバ眼星患者ノ如キハ冷水ヲ禁スルガ如キ即チ是ナリ故ニ眼病三丁ウ」ニ罹リテモ猥リニ冷水ヲ用ヰルコトハ固ク注意スベキコトナリ

十三、眼病中最モ多クシテ伝染性ヲ有シ且ツ失明ノ恐アル者アノ家族中若シ一人ニテモ之レニ罹ル者アレバ全家感染ノ不幸ヲ来スモノ少ナカラズ然レドモ自家ニハ其伝染性ヲ知ラズシテ遺伝素質ノ眼疾トナス敢テ治療ヲ施ガルノミナラズ起居寝食ヲ病毒ノ汚染シタル手洗器具手拭等ヲ混用シ知ラ

ズ識ラズノ間ニ感染シテ遂ニ失明ニ陥ユル者少シトセズ実ニ慨シキコトニ非ラズヤ平愈スベキハ勿論ノコト故若シ不幸ノ発症シナバ機会ヲ失ハズ直ニ医師ノ治療ヲ乞フベク且ツ患者ノ使用セル具物什具類四丁オ」ヲバ混用セサル様別所ニ置キ健全ナル人ノ為メニ十分ノ預防ヲ慮ルベシ加之成シ能フ限リハ病者ヲ隔离シテ近カシメサルヲ第一預防ナリトナス

十四、医師ハ精密ナル検査ト充分ノ研究ヲ遂ケタル後確実ノ診断ヲ下ス夫ヨリ初メテ適応ノ治法ヲ施スモノナレバ患者タル者ハ食餌摂養ヨリ以テ薬剤ノ用量用法等ニ至ル迄医師ノ指示スル所ヲバ細大謹慎固ク守ラサルベカラズ果シテ如此ハ奏効確実ナル者ナレバ之ヲ守ラズシテ放従ナルアラバ精確ノ診断ヲ成ス完全確実ノ治術ヲ施スト雖モ医師ノ心配ハ徒労ニ属スルノミナラズ患者モ亦資金ト時間ヲ冗費シ永ク痛若ニ難ムモ四丁ウ」ノトス故ニ患者ニシテ苟モ治療ヲ乞フ以上ハ必ス医士ノ教示スル所ヲ厳守セサルベカラズ

十五、火ノ熱ハ眼ヲ刺戟シテ充血ヲ増サシムル者故烈火ノ辺ニ居テ眼ヲ曝スコト至テ宜シカラズ

十六、眼病ハ比較上他ノ諸病ヨリモ長キ経過ヲ取ルモノ故従来ヨリモ眼病ノ一週ヲ七拾五日ト云ヒ為セリ去ルナガラニ之ヲ知ル者ニテモ一朝病ニ罹ルトキハ経過ノ永キニ気ヲ揉ミテ種々ノ疑惑ヲ起ス遂ニハ大切ナル医ノ教示ヲ顧ミズ恐ルベキ危道ニ陥ルモノアリ一例ノ病性ノ盛ンナル際若干日治療ヲ受ケ精々軽快ヲ覚ユレバ全治トナシ否ナラザレバ最早之ニテ忍ビ得ベシト迷信シテ直ニ治療廃五丁オ」止シ后亦数日ニシテ前症憎悪忍フ能ハザルニ至リテ再ビ治療ヲ乞フモノアリ此ノ如ク緩急時ヲ誤リ治療機会ヲ失スルトキハ終ニ頑固ニシテ治シ難キ重症ニ陥ルモノ此々皆是ナリ期ル患

者ニ限リ数日ヲ暮シ効ナケレバ手術ノ有無ニ拘ラズ間々医ヲ転ジテ往来奔走ノ間ニ時日ヲ経過スルモ尚ホ軽快ヲ見ザルニ及ビ詐言百出再ビ前医ニ復スルモノアリ此ノ時ニ当リテハ前医タルモノニテハ手ヲ束ヌルヨリ外ナキコト間々ナルトセズ甚シキニ至リテハ神社仏閣ニ籠リ函媼呪詛ニ祈願八卦ノ活断ナド称スル者ニ凴依シテ全治ヲ企望ス済ヲ能ハサルノ痼症ニ至ルモノアリ誠ニ［怨］ムベク五丁ウ」 悲ムベキノ有様ナリ吁同患者ヨ若シモ不幸ニシテ眼病ニ罹ルアラバ経過ノ長短ニ拘ラズ自ラ信ズル医士ニ托シテ完全ノ治療ヲ受クベシ無益ノコトニ日ヲ送リ噛ノ不覚ヲ取ル勿レ

十七、凡テ病気ハ発年初メニ於テ治療ヲ加ヘ且ツ摂生ヲ守ルアラバ全愈ノ効ヲ見易シキモノナルハ就中眼病ノ如キハ最モ然リトス然ルニ世間ノ眼病者ハ初期ニ至テ医療ヲ乞フモノ甚タ稀ニシテ多クハ皆悠々緩過シ病勢漸ク猛悪ナルニ至テ初メテ医士ノ治療ヲ乞フ故容易ク快復セザルノミナラズ慢性症ニ陥ルモノアリ甚シキ至リハ失明スルノ后驚キ来テ診断ヲ乞フ如キモノアルハ日常少カラザル六丁オ」 実況ナリ此ノ時ニ当リテ扁蒼モ匙ヲ投スルコトナキ保証スルコト能ハザル者トス誠ニ嘆シキ次第ナラジヤ吁四方ノ眼病者諸君ヨ少シク省慮スル所アレ

次上ノ諸頂ハ啻ニ眼病者或ハ時々眼病ヲ発シ易シキ人ノミナラズ又健康ノ人ニテモ常に服シテ摂生ヲ守ルアラバ幾々ハ眼病ヲ煩フモノ尠キニ至ラン乎而シテ又全身病及び特種ノ原因ニ由リテ起ル眼病患ニシテ薬剤ヲ用ユ手術ヲ施シ者等ニハ各自特殊ノ摂注意ヲ要スト雖トモ治療ノ際特更ニ指示スベキニ付キ茲ニ六丁ウ」

※以下、欠丁

2 主要人物生没年

三田 義魏《よしたか》 （実父）天保九年（一八三八）～明治一九年（一八八六）六月一四日

三田 キヨ （実母）弘化元年（一八四四）～昭和五年（一九三〇）七月一八日

三浦 自祐《じゆう》 （義父）文政一一年（一八二八）～明治四五年（一九一二）八月三〇日

三田 義正《よしまさ》 （実兄）文久元年（一八六一）四月二一日～昭和一〇年（一九三五）一二月三一日

三浦 直道《なおみち》 （義兄）慶応元年（一八六五）～昭和二三年（一九四八）六月一九日

三田俊次郎《しゅんじろう》 （本人）文久三年（一八六三）三月三日～昭和一七年（一九四二）九月一三日

三田 リサ （先妻）明治元年（一八六八）～明治三五年（一九〇二）九月一二日

三田 テル （後妻）明治五年（一八七二）～昭和二九年（一九五四）二月一二日

三田 定則《さだのり》 （養子）明治九年（一八七六）一月二七日～昭和二五年（一九五〇）三月六日

楢山《ならやま》 佐渡《さど》 （盛岡藩主席家老）天保二年（一八三一）五月～明治二年（一八六九）六月二三日

南部《なんぶ》 利恭《としゆき》 （第一五代盛岡藩主）安政二年（一八五五）一〇月九日～明治三六年（一九〇三）一〇月一九日

南部《なんぶ》 英麿《ひでまろ》 （利恭公の弟）安政三年（一八五六）九月一一日～明治四三年（一九一〇）五月一四日

原《はら》 敬《たかし》 （第一九代内閣総理大臣・政治家）安政三年（一八五六）二月九日～大正一〇年（一九二一）一一

月四日

新渡戸稲造《にとべいなぞう》（国際連盟事務次長・農学者・教育者）文久二年（一八六二）九月一日～昭和八年（一九三三）一〇月一五日

太田《おおた》**時敏**《ときとし》（盛岡藩士・南部家家令）天保九年（一八三八）～大正四年（一九一五）一月二〇日

目時《めとき》**隆之進**《たかのしん》（盛岡藩士）文政六年（一八二三）六月一六日～明治二年（一八六九）二月八日

中嶋《なかじま》**源蔵**《げんぞう》（盛岡藩士）文政一二年（一八二九）五月一九日～明治元年（一八六八）六月八日

長与《ながよ》**専斎**《せんさい》（内務省衛生局長・医師）天保九年（一八三八）八月二八日～明治三五年（一九〇二）九月八日

後藤《ごとう》**新平**《しんぺい》（台湾総督府民政長官・医師）安政四年（一八五七）六月四日～昭和四年（一九二九）四月一三日

石黒《いしぐろ》**忠悳**《ただのり》（陸軍軍医総監）弘化二年二月一一日（一八四五）～昭和一六年（一九四一）四月二六日

河本重次郎《こうもとじゅうじろう》（帝国大学医科大学教授・眼科医）安政六年八月（一八五九）一六日～昭和一三年（一九三八）四月四日

三宅《みやけ》**秀**《ひいず》（帝国大学医科大学初代学長・医師）嘉永元年（一八四八）一一月一七日～昭和一三年（一九二四）三月一六日

津田《つだ》**仙**《せん》（農学者・教育者）天保八年（一八三七）八月六日～明治四一年（一九〇八）四月二四日

田中舘愛橘《たなかだてあいきつ》（物理学者）安政三年（一八五六）九月一八日～昭和二七年（一九五二）五月二一日

清岡《きよおか》**等**《ひとし》（第二代盛岡市長）文久三年（一八六三）一二月八日～大正一二年（一九二三）一二月三一日

エルヴィン・フォン・ベルツ

（東京帝国大学名誉教授・ドイツ出身）一八四九年（嘉永二）一月一三日〜一九一三年（大正二）八月三一日

3 三田俊次郎年譜

元号	西暦	年齢	俊次郎と周辺の出来事
文政一一	一八二八		〔義父〕三浦自祐生
一二	一八二九		中嶋源蔵生
天保二	一八三一		楢山佐渡生
八	一八三七		津田　仙生
九	一八三八		長与専斎生。太田時敏生　〔実父〕三田義魏生
一一	一八四〇		藩校「明義堂」の発足（盛岡）
嘉永元	一八四八		三宅　秀生
二	一八四九		エルヴィン・フォン・ベルツ生
安政二	一八五五		南部利恭生
三	一八五六		南部英麿生。原　敬生。田中舘愛橘生
四	一八五七		後藤新平生
六	一八五九		河本重次郎生
文久元	一八六一		〔実兄長男〕義正生

年号	西暦	年齢	事項	家族
二	一八六二		新渡戸稲造 生	
三	一八六三	一	**俊次郎 生**。清岡 等生。私学校「日新堂」開校（盛岡）	
慶応元	一八六五	三	藩校明義堂を「作人館」に改称	〔義兄〕三浦直道 生
明治元	一八六八	六	戊辰戦争	〔実弟三男〕道次郎 生
〃	〃			〔先妻〕三浦リサ 生
二	一八六九	七	盛岡藩白石転封。楢山佐渡処刑	〔義姉〕関 サメ 生
三	一八七〇	八	「作人館」を「盛岡県学校」に改称	
四	一八七一	九	南部家、共慣義塾設置（東京）	
五	一八七二	一〇	「学制」発布	〔後妻〕小泉テル 生
七	一八七四	一二	盛岡城解体	
八	一八七五	一三	**鍛冶町下等小学校入学（翌年卒業）**	
九	一八七六	一四	公立盛岡病院設置・盛岡医学校併置	〔養子〕関 定則 生
一〇	一八七七	一五	西南戦争。**上等小学校入学**	
一二	一八七九	一七	義正、「学農社農学校」入学（東京）	
一三	一八八〇	一八	**県立岩手医学校入学**	
一四	一八八一	一九	義正、学農社農学校を卒業し帰郷	〔実弟四男〕源四郎 生
一五	一八八二	二〇	釜石村、コレラ犠牲者一〇四人。甲乙二種に分ける「医学校	
〃	〃		通則」布達	
一六	一八八三	二一	長与専斎「大日本私立衛生会」創設	
一七	一八八四	二二	県立岩手医学校を甲種岩手医学校に変更	

一八	一八八五	二三	**甲種岩手医学校卒業。母校の助手兼附属病院調剤係**　〔実弟六男〕義六郎 没
一九	一八八六	二四	**医術開業免許取得。**甲種岩手医学校を県立岩手病院附属医学
〃	〃		講習所（乙種）へ切替　〔実弟五男〕龍夫 没（四歳）
〃	〃		〔実父〕義魏 没（四九歳）
二〇	一八八七	二五	**南閉伊郡病院長就任。三浦リサと結婚**
二一	一八八八	二六	勅令第四八号発令。県立病院附属医学講習所（乙種）廃校
二二	一八八九	二七	県立岩手病院閉鎖。**帝国大学医科大学撰科入学**
二三	一八九〇	二八	盛岡駅完成（盛岡—東京間鉄道開通）
二四	一八九一	二九	**帝国大学医科大学撰科に休学届提出。三田眼科医院開設（盛岡）**
〃	〃		〔子・長男〕雪太郎生・二日後死亡
二五	一八九二	三〇	**岩手私立衛生会評議員**
二七	一八九四	三二	義正、三田火薬販売所開設。日清戦争勃発（明治二八年迄）
二八	一八九五	三三	下関条約、日本への台湾譲渡
二九	一八九六	三四	**分家届出。**明治三陸大津波　〔養子〕新田目次郎 入籍（七歳）
三〇	一八九七	三五	**県立岩手病院借受。産婆看護婦養成所、岩手図書館併設**
三一	一八九八	三六	義正、「岩手育英会」発足。義正の導火線製造工場爆発　〔子・長女〕千代 生
三二	一八九九	三七	**「三田医学奨励会」設立**
三三	一九〇〇	三八	**盛岡医会堂に医学講習所開設。**新渡戸稲造「武士道」発行
〃	〃		〔子・長女〕千代没（一歳八ヶ月）
三四	一九〇一	三九	**私立岩手医学校創立。「岩手済生新報」発行。市会議員（明**

〃	〃		**治四〇年迄）。県立岩手病院譲受**
三五	一九〇二	四〇	**岩手保護院評議員。**第一回衆議院議員選挙（原敬当選）　〔先妻〕リサ没（三五歳）
三六	一九〇三	四一	**附属中等普通学校設立認可。小泉テルと再婚**　〔養子〕次郎 離縁（一四歳）
〃	〃		〔養子〕関定則 入籍。〔孫〕次郎 入籍
〃	〃		〔子・次女〕トシ 生
三七	一九〇七	四二	日露戦争勃発（明治三八年迄）。**作人館中学校校長に南部英**
〃	〃		**麿認可**
三九	一九〇八	四四	「医師法」制定。岩手県医師会・盛岡市医師会発足。**岩手公**
〃	〃		**園開園式委員**
四〇	一九〇七	四五	**市会議員当選（明治四三年迄）**
四一	一九〇八	四六	**盛岡図書館司書長嘱託**
四二	一九〇九	四七	**東京帝大にてトラホーム講習受講。岩手県医師会会長**
四三	一九一〇	四八	**岩手育児院評議員嘱託。市会議員当選（大正二年迄）。**中津
〃	〃		川氾濫による大洪水
四五	一九一二	五〇	**私立岩手医学校廃校**　〔子・長男〕俊定 生
〃	〃		〔義父〕三浦自祐 没（八四歳）
大正二	一九一三	五一	**市会議員当選（大正六年迄）**
四	一九一五	五三	**新盛岡温泉の建設**
五	一九一六	五四	**盲唖学校（鍼灸科兼校医）教員。**川留稲荷神社復興
六	一九一七	五五	戊辰戦争殉職者五十年祭

九	一九二〇	五八	**「財団法人岩手済生医会」設立**	
一〇	一九二一	五九	**盛岡実科高等女学校創立。市会議員当選（大正一四年迄）。**	
〃	〃		原敬、暗殺される	
一一	一九二二	六〇	岩手県立図書館開設。岩手育英会、「北水社」吸収合併	
〃	〃			〔実弟四男〕源四郎 没（四二歳）
一二	一九二三	六一	**関東大震災、震災支援で上京**	
一四	一九二五	六三	**市会議員当選（昭和四年迄）**	
一五	一九二六	六四	義正、岩手中学校創設。**岩手養育院評議員嘱託。**定則、腸チ	
〃	〃		フスに感染	
昭和二	一九二七	六五	**「財団法人岩手女子奨学会」設立**	
三	一九二八	六六	盛岡市菜園の埋立て工事開始。**岩手中学校、校長事務取扱。**	
〃	〃		**岩手医学専門学校創設、校長事務取扱。**新渡戸稲造、岩手	
〃	〃		中学・岩手医専訪問。**岩手医学専門学校長。**	
五	一九三〇	六八	**岩手医専、同盟休校騒動**	〔実母〕キヨ 没（八七歳）
六	一九三一	六九	満州事変（翌年迄）。**岩手サナトリウム開設**	
七	一九三二	七〇	**岩手医専、無試験医師資格指定。岩手中学校、同盟休校騒動**	
八	一九三三	七一	**岩手保養院開設**	
九	一九三四	七二		〔養子〕定則 分家・除籍（五九歳）
一〇	一九三五	七三		〔実兄長男〕義正 没（七五歳）
一二	一九三七	七五	日中戦争（翌年迄）。**岩手医学専門学校、在郷軍人分会設置**	

一六	一九四一	七九	太平洋戦争（昭和二〇年迄）
一七	一九四二	八〇	**岩手医学専門学校長辞職。俊次郎 没（八〇歳）**
二二	一九四七	―	**岩手医科大学創立、定則初代学長就任**
二三	一九四八	―	〔義兄〕直道 没（八四歳）
二四	一九四九	―	〔養子〕一郎（次郎）没（六一歳）
二五	一九五〇	―	〔養子〕定則 没（七五歳）
二九	一九五四	―	〔後妻〕テル 没（八三歳）
三〇	一九五五	―	〔義姉〕サメ 没（八七歳）

参考文献（編著者五十音順）

泉　隆英編（二〇一二）『日本近現代医学人名事典　一八六八―二〇一一』医学書院
岩手看護専門学校・岩手看護高等専修学校百年誌編集委員会編集（一九九八）『砂丘を越えて　岩手看護専門学校岩手看護高等専修学校「百年のあゆみ」』岩手看護専門学校
岩手県教育委員会企画・編集（一九八一）『岩手近代教育史第一巻明治編』岩手県教育委員会
岩手県教育委員会企画・編集（一九八一）『岩手近代教育史　第二巻　大正・昭和Ⅰ編』岩手県教育委員会
岩手県教育会岩手郡部会編（一九四一）『巖手郡誌』（一九七二年復刻版）岩手郡町村教育委員会連絡協議会
岩手県議会事務局編集（一九六一）『岩手県議会史　第一巻』岩手県議会
岩手女子高等学校六十年史編集委員会編集（一九八三）『岩手女子高等学校の六十年』岩手女子高等学校
岩手日報社出版部編集（二〇〇六）『いわてのお寺を巡る～心のやすらぎをもとめて～』岩手日報社
『岩手の教育物語』編集委員会編集（一九九一）『岩手の教育物語―昭和史をつづる一〇〇〇人の証言―

森　嘉平（二〇〇三）『（森嘉平著作集第一〇巻）岩手近代史の諸問題』法政大学出版局
森　荘已池（一九六八）『岩手医科大学四十年史』岩手医科大学
森ノブ監修（二〇〇四）『（岩手県の歴史シリーズ）図説盛岡・岩手・紫波の歴史』郷土出版社
森ノブ・多田代三・岩手県文化財愛護協会編（一九九二）『（岩手県市町村地域史シリーズ２）盛岡市の
歴史　下』熊谷印刷出版部
山崎光夫（二〇一二）『「明治二十一年六月三日―鴎外「ベルリン写真」の謎を解く』講談社
吉田義昭編（一九六四）『（郷土資料写真集第六集）図説盛岡今と昔』盛岡市公民館

以下を参照しました
東京帝国大学一覧（国立国会図書館デジタルコレクション）・文部科学省ホームページ・株式会社三田
商店ホームページ・岩手毎日新聞・岩手日報

以下の団体に特別にご協力、ご配慮をいただきましたことをお礼申し上げます
一関警察署
岩手看護短期大学図書館
岩手県立図書館
岩手女子高等学校

岩手日報社
国立国語研究所
後藤新平記念館
社会福祉法人岩手和敬会
社会福祉法人小原慶福会
瑞鳩峰山報恩寺
大光山聖壽禅寺
日本カメラ博物館
原敬記念館
文京区立森鷗外記念館
寶鏡山清養院
明治記念館（旧岩谷堂共立病院）
盛岡市先人記念館
盛岡市立仁王小学校
盛岡タイムス社
もりおか歴史文化館